मैं नेहरू बोल रहा हूँ

इस शृंखला की पुस्तकें

मैं विवेकानंद बोल रहा हूँ
मैं गांधी बोल रहा हूँ
मैं पटेल बोल रहा हूँ
मैं भगत सिंह बोल रहा हूँ
मैं सुभाष बोल रहा हूँ
मैं सावरकर बोल रहा हूँ
मैं लाजपत राय बोल रहा हूँ
मैं तिलक बोल रहा हूँ
मैं राधाकृष्णन बोल रहा हूँ
मैं कलाम बोल रहा हूँ
मैं अरविंद बोल रहा हूँ
मैं नेहरू बोल रहा हूँ

मैं नेहरू बोल रहा हूँ

सं. गिरिराजशरण अग्रवाल

प्रभात पेपरबैक्स
प्रभात प्रकाशन
ISO 9001 : 2008 प्रकाशक का उद्यम
www.prabhatbooks.com

प्रकाशक

प्रभात पेपरबैक्स

4/19 आसफ अली रोड, नई दिल्ली–110002

फोन : 23289555 • 23289666 • 23289777 ❖ फैक्स : 23253233

इ–मेल : prabhatbooks@gmail.com ❖ वेब ठिकाना : www.prabhatbooks.com

संस्करण

2014

मूल्य

एक सौ पच्चीस रुपए

अ.मा.पु.स. 978-93-5048-077-9

मुद्रक

भानु प्रिंटर्स, दिल्ली

MAIN NEHRU BOL RAHA HOON
(Thus Spake Jawaharlal Nehru)
Ed. Giriraj Sharan Agrawal
Published by **Prabhat Paperbacks** (A Division of Prabhat Prakashan)
4/19 Asaf Ali Road, New Delhi-2
ISBN 978-93-5048-077-9 Rs. 125.00

जो व्यक्ति दूसरे के विचारों को नहीं समझ सकता, उसका दिमाग और संस्कृति बहुत कुछ सीमित हो जाती है। क्योंकि इने-गिने कुछ असाधारण मनुष्यों को छोड़कर शायद ही कोई ऐसा व्यक्ति हो, जो पूरा-पूरा ज्ञान और बुद्धि रखता हो। दूसरे पक्ष या अन्य समूह के पास भी कुछ-न-कुछ ज्ञान और बुद्धि हो सकती है और अगर हम अपना दिमाग उसके लिए बंद कर देंगे तो हम केवल अपने आपको उससे वंचित ही न रखेंगे, बल्कि ऐसा दिमागी रवैया बना लेंगे, जो मेरे खयाल से सुसंस्कृत मनुष्य के लिए अनुचित है।

जवाहरलाल नेहरू

युग-निर्माता

"मेरा यकीन है कि दुनिया की और हिंदुस्तान की समस्याओं का एक ही हल है—और वह है समाजवाद। जब मैं इस शब्द का प्रयोग करता हूँ, तो कोई अस्पष्ट जनसेवी तरीके से नहीं, बल्कि वैज्ञानिक और आर्थिक नजरिए से करता हूँ। समाजवाद एक आर्थिक सिद्धांत से भी कुछ ज्यादा मायने रखता है। यह जिंदगी का दर्शन-शास्त्र है और इसका यह रूप मुझे पसंद भी है। मैं समाजवाद के सिवा कोई दूसरा रास्ता नहीं देखता, जो गरीबी, बेकारी, बेइज्जती और गुलामी से हिंदुस्तान के लोगों को निजात दिला सके।"

— युग निर्माता नेहरू

रूसी क्रांति के प्रशंसक होकर भी वे रूसपंथी समाजवादी तानाशाही के विरोधी थे; और रूस में विरोधी विचारों के दमन की आलोचना करते थे। मार्क्सवाद से प्रभावित होते हुए भी वे रूढ़िवादी कम्युनिस्ट नहीं थे। समता, स्वतंत्रता और लोकतंत्र में उनकी गहरी आस्था थी और राष्ट्रवाद के वे प्रखर उद्घोषक थे—'मैं राष्ट्रवादी हूँ और मुझे राष्ट्रवादी होने का अभिमान है।'

लेकिन उनका राष्ट्रवाद, धार्मिक या जातीय राष्ट्रीयता की संकुचित भावना से परे, विश्व-मानव की सेवा का माध्यम था। देश, जाति या धर्म-संप्रदाय के अहंकार से मुक्त उनका राष्ट्रवाद, विश्वशांति की प्राण-प्रतिष्ठा के लिए समर्पित था।

महात्मा गांधी के परमप्रिय उत्तराधिकारी नेहरूजी ने स्वतंत्र भारत में दुनिया का सबसे बड़ा लोकतंत्र स्थापित कर 'पंचशील' और 'विश्वशांति' का शुभ संदेश दिया। भारत में सुनियोजित अर्थनीति और आधुनिक ज्ञान-विज्ञान से भरपूर औद्योगिक प्रगति की आधारशिला रखने के लिए उन्हें युगों-युगों तक याद किया जाएगा।

तानाशाही के समान ही साम्राज्यवाद से भी वे घोर घृणा करते थे, क्योंकि वह शोषण, लूट-खसोट और हिंसा पर आधारित होता है। उनका स्पष्ट कथन था—'हमारा दुश्मन तो ब्रिटिश साम्राज्य है और जहाँ साम्राज्यवाद है, वहाँ हम खुशी के

साथ नहीं रह सकते।'

जीवन के हर क्षेत्र में नेहरूजी मध्यमार्गी उदारता के समर्थक थे—जिसका प्रेरणा-स्रोत था, महात्मा बुद्ध का उपदेश 'मज्झसा प्रतिपदा' मध्यम मार्ग और जिसका रूपांतर था धर्मनिरपेक्षता, गुटनिरपेक्षता, विश्वबंधुत्व और सह-अस्तित्व का राजनीति-दर्शन। पं. जवाहरलाल नेहरू स्वाधीनता-संग्राम के अग्रणी नायक तो थे ही, आधुनिक प्रगतिशील भारत के नव-निर्माण में उनका अनुपम योगदान हमारे इतिहास का स्वर्णिम शिलालेख है।

आज नेहरूजी हमारे बीच नहीं हैं, मगर उनके प्रेरक विचार आज भी राजनीतिक, आर्थिक और सामाजिक समस्याओं के समुद्र में प्रकाश-स्तंभ बने हुए हैं। देश की नई पीढ़ी के छात्रों और युवाओं के वैचारिक प्रशिक्षण और प्रेरणा के लिए नेहरूजी के ये विचार, उनके ऐतिहासिक भाषणों, लेखों, पत्रों और पुस्तकों से चुनकर, संकलित किए गए हैं। आशा है, इस प्रकाशन का उद्देश्य सफल होगा और श्रम सार्थक होगा।

—गिरिराजशरण अग्रवाल

जवाहरलाल नेहरू

अपनी मृत्यु से दस वर्ष पूर्व सन् 1954 में पंडित जवाहरलाल नेहरू ने राष्ट्र के प्रति अपनी भावनाओं को व्यक्त करते हुए एक वसीयतनामा लिखा। अपनी आकांक्षाओं को देशहित में समर्पित करते हुए नेहरूजी ने लिखा—'मुझे, मेरे देश की जनता ने, मेरे हिंदुस्तानी भाई और बहिनों ने इतना प्रेम और इतनी मोहब्बत दी है कि मैं चाहे जितना कुछ करूँ, वह उसके एक छोटे से हिस्से का भी बदला नहीं हो सकता। सच तो यह है कि प्रेम इतनी कीमती चीज है कि इसके बदले कुछ देना मुमकिन नहीं। इस दुनिया में बहुत से लोग हुए, जिनको अच्छा समझकर, बड़ा मानकर, उनका आदर किया गया, पूजा गया, लेकिन भारत के लोगों ने, छोटे और बड़े, अमीर और गरीब, सब तबकों के बहनों और भाइयों ने, मुझे इतना प्यार दिया कि जिसका बयान करना मेरे लिए मुश्किल है और जिससे मैं दब गया हूँ। मैं आशा करता हूँ कि मैं जीवन के बाकी बरसों में देशवासियों की सेवा करता रहूँगा और उनके प्रेम के योग्य साबित होऊँगा।'

'बेशुमार साथियों और दोस्तों के मेरे ऊपर और भी ज्यादा एहसान हैं। हम बड़े-बड़े कामों में एक-दूसरे के साथ रहे, मिल-जुलकर काम किए। यह तो होता ही है कि जब बड़े काम किए जाते हैं और उनमें कामयाबी भी होती है, नाकामयाबी भी होती है; मगर हम सब शरीक रहे, कामयाबी की खुशी में भी और नाकामयाबी के दुःख में भी। मैं चाहता हूँ और सच्चे दिल से चाहता हूँ कि मेरे मरने के बाद कोई धार्मिक रस्में न अदा की जाएँ। मैं ऐसी बातों को मानता नहीं हूँ और सिर्फ रस्म समझकर उनमें बँध जाना, धोखे में पड़ना मानता हूँ। मेरी इच्छा है कि मैं जब मर जाऊँ तो मेरा दाह-संस्कार कर दिया जाए। अगर विदेश में मरूँ तो मेरे शरीर को वहीं जला दिया जाए, और अस्थियाँ इलाहाबाद भेज दी जाएँ। उनमें से मुट्ठी भर गंगा में डाल दी जाएँ। और उसके बड़े हिस्से के साथ क्या-क्या किया जाए, मैं आगे बता रहा हूँ। उनका कुछ भी हिस्सा किसी हालत में बचाकर न रखा जाए।'

'गंगा में अस्थियों का कुछ हिस्सा डालने की इच्छा के पीछे, जहाँ तक मेरा ताल्लुक है, कोई धार्मिक खयाल नहीं है। इसके बारे में मेरी कोई धार्मिक भावना नहीं है। मुझे बचपन से गंगा और यमुना से लगाव रहा है, और जैसे-जैसे मैं बड़ा हुआ, यह लगाव बढ़ता रहा। मैंने मौसम के बदलने के साथ-साथ इनमें बदलते हुए रंग और रूप को देखा है और कई बार मुझे याद आई उस इतिहास की, उन परंपराओं की, पौराणिक गाथाओं की, उन गीतों और कहानियों की, जो कि कई युगों से उसके साथ जुड़ गई हैं और उसके बहते हुए पानी में घुल-मिल गई हैं।'

'गंगा तो विशेषकर भारत की नदी है, जनता की प्रिय है, जिससे लिपटी हैं, भारत की जातीय स्मृतियाँ, उसकी आशाएँ और उसके भय, उसके विजय गान, उसकी विजय और पराजय। गंगा तो भारत की प्राचीन सभ्यता की प्रतीक रही है, निशानी रही है, सदा बदलती, फिर भी वही 'गंगा' की 'गंगा'। वह मुझे याद दिलाती है हिमालय की, बर्फ से ढँकी चोटियों की और गहरी घाटियों की, जिनसे मुझे मोहब्बत रही है उनके नीचे उपजाऊ और दूर-दूर तक फैले मैदानों की, जहाँ काम करने में मेरी जिंदगी गुजरी है। मैंने सुबह की रोशनी में गंगा को मुसकराते, उछलते-कूदते देखा है, और देखा है, शाम के उदास, काली-सी चादर ओढ़े हुए, भेद-भरी जाड़ों में सिमटी-सी आहिस्ते बहती सुंदर धारा बरसात में दौड़ती हुई, समुद्र की तरह चौड़ा सीना किए, और संसार को बरबाद करने की शक्ति लिए हुए, यही गंगा मेरे लिए निशानी है और भारत की प्राचीनता की, यादगार की, जो बहती आई है, वर्तमान तक और बहती चली आ रही है, भविष्य के महासागर की ओर।'

'भले ही मैंने पुरानी परंपराओं, रीति और रस्मों को छोड़ दिया हो, और मैं चाहता हूँ कि हिंदुस्तान इन सब जंजीरों को तोड़ दे, जिनमें वह जकड़ा है, जो उसको आगे बढ़ने से रोकती हैं और जो शरीर और आत्मा के विकास को रोकती है। चाहे वह सब मैं चाहता हूँ, फिर भी मैं यह नहीं चाहता कि मैं अपने को पुरानी बातों से बिलकुल अलग कर लूँ। मुझे फख्र है इस शानदार उत्तराधिकार का, इस विरासत का, जो हमारी ही है और मुझे यह भी अच्छी तरह से मालूम है कि मैं भी सबों की तरह इस जंजीर की एक कड़ी हूँ, जो कि कभी नहीं और कहीं नहीं टूटी है और जिसका सिलसिला हिंदुस्तान के अतीत के इतिहास के प्रारंभ से चला आता है। यह सिलसिला मैं कभी नहीं तोड़ सकता, क्योंकि मैं उसकी बेहद कद्र करता हूँ, और इससे मुझे प्रेरणा, हौसला और हिम्मत मिलती है। अपनी इस आकांक्षा की पुष्टि के लिए और भारत की संस्कृति को श्रद्धांजलि भेंट करने के लिए, मैं यह दरखास्त करता हूँ कि मेरी भस्म की एक मुट्ठी इलाहाबाद के पास गंगा में डाल दी जाए, जिससे कि वह उस सागर में पहुँचे, जो हिंदुस्तान को घेरे हुए है। मेरी भस्म के बाकी हिस्से का क्या किया जाए? मैं चाहता हूँ कि इसे हवाई जहाज में

ऊँचाई पर जाकर बिखेर दिया जाए, उन खेतों पर, जहाँ भारत की मिट्टी में मिल जाए और उसी का अंग बन जाए।'

ऐसे भावुक लेखक, उदार राजनेता, कर्मठ देशभक्त, योग्य प्रशासक और महान् विचारक पंडित जवाहरलाल नेहरू का जन्म 14 नवंबर, सन् 1889 को प्रयाग में हुआ। उनके पिता पं. मोतीलाल नेहरू देश के प्रसिद्ध वकील थे। इनके पूर्वज श्री राज कौल अठारहवीं शताब्दी के आरंभ में कश्मीर से दिल्ली आ गए थे। उस समय के बादशाह फरुखसियर ने उन्हें नहर के किनारे मकान दिया था। नहर के किनारे रहने के कारण वे नेहरू कहलाए। सन् 1857 की लड़ाई के बाद, परिवार आगरा में ज़ा बसा और वह वहाँ से हटाकर हाईकोर्ट इलाहाबाद में स्थापित किया गया तो जवाहरलाल के चाचा, जो वकील थे, इलाहाबाद में बस गए।

जवाहरलाल की माता स्वरूपरानी नेहरू और पिता मोतीलाल नेहरू ने उनमें प्यार के साथ अच्छी आदतें डालीं। उन पर माता-पिता का अमित स्नेह था। उनका बचपन आनंद भवन के वैभव, विलास और प्यार के बीच व्यतीत हुआ। जवाहरलाल जैसे-जैसे बड़े होते गए उनके जीवन में माता और पिता अधिक-से-अधिक सुविधाएँ भरने का प्रयत्न करते गए। जब नेहरू 10 वर्ष की अवस्था के थे, तब मोतीलालजी ने आनंद भवन खरीद लिया था, जो बाद में स्वराज्य भवन के रूप में राष्ट्र को समर्पित हुआ।

मोतीलालजी का अधिकतर संपर्क अंग्रेजों के साथ था। वही उनके मित्रों के रूप में उनका आतिथ्य स्वीकार करने के लिए आते थे। जवाहरलाल पर इन अतिथियों का प्रभाव पूरी तरह पड़ रहा था। परिणामतः वे पाश्चात्य जीवन और रहन-सहन के प्रवाह में बहने लगे।

1. वर्ष की अवस्था तक उनकी शिक्षा घर पर ही अंग्रेज और आयरिश शिक्षकों को देखरेख में हुई। उनके एक अध्यापक ब्रुक्स ने उनके जीवन में विशेष रुचि ली। उन्हीं के प्रभाव से जवाहरलाल में विज्ञान के रहस्यों को जानने की प्रवृत्ति मुखरित हो उठी। ब्रुक्स ने उनमें अंग्रेजी कविता का प्रेम विकसित किया। इसके साथ ही उनमें ऐसे उदात्त गुणों की छाप छोड़ी, जिन्हें जवाहरलाल ने जीवनपर्यंत सँजोया, विकसित किया और देश को समर्पित किया।

पं. मोतीलाल नियम और कायदे के पाबंद थे, और भूल होने पर जवाहरलाल से सख्ती से पेश आते थे। उस समय पुत्र का प्यार उनके मार्ग में बाधक नहीं होता था। एक दिन जवाहर ने पिता की मेज पर दो सुंदर फाउंटेन पेन देखे। यह सोचकर कि पिताजी एक साथ दो फाउंटेन पेनों से तो लिखेंगे नहीं, उनमें से एक उठा लिया। जब फाउंटेन पेन की खोज शुरू हुई तो भय के कारण चुप लगा गए। अंत में पकड़े जाने पर पिताजी ने इतनी पिटाई की कि कई दिनों तक दर्द रहा।

मई, सन् 1905 में मोतीलालजी सपरिवार इंग्लैंड गए और वहाँ के प्रसिद्ध हैरो विद्यालय में जवाहरलाल का नाम लिखवाया गया। वह हैरो में केवल दो वर्ष रहे। सन् 1907 में उन्होंने हैरो से विदाई ली और ट्रिनिटी कॉलेज कैंब्रिज में प्रवेश लिया। उस समय उनकी अवस्था अठारह वर्ष की थी। वे तीन वर्ष तक कैंब्रिज में रहे।

सन् 1910 में उन्होंने कैंब्रिज को छोड़ा। वे विज्ञान की ऑनर्स डिग्री प्राप्त कर चुके थे और अपने परंपरागत वकालत के कार्य को करने के लिए वकालत की परीक्षा उत्तीर्ण करना चाहते थे। इसके लिए वे लंदन आए और सन् 1912 में उन्होंने बैरिस्टरी की परीक्षा उत्तीर्ण की। दिसंबर, सन् 1912 में वे स्वदेश लौटे और इलाहाबाद हाईकोर्ट में वकालत आरंभ की।

इंग्लैंड के प्रवास-काल में उन्होंने राष्ट्रीय संस्था के रूप में कांग्रेस के विषय में बहुत-कुछ सुना था। भारत लौटने के पश्चात् सन् 1912 में ही बिहार के बाँकीपुर में कांग्रेस अधिवेशन में उन्होंने पहली बार एक प्रतिनिधि के रूप में भाग लिया। उनकी मनोदशा का चित्रण करते हुए फ्रैंक मोरिस ने उनकी जीवनी में लिखा है—'उन्हें यह अधिवेशन राजनीतिक सभा से अधिक सामाजिक लगा। उस पर उनका मत बहुत-कुछ अंग्रेजी जाननेवाले उच्च वर्ग का 'धंधा' था। इस अनिश्चित तथा बनावटी सूखे वातावरण में बेचैन नेहरू को लगा कि भारत का राजनीतिक संसार अवास्तविक है। इंग्लैंड में रहते हुए उन्होंने इसे हलचल, उत्साह, संशय, त्याग, उद्योग और जोश के रूप में समझा था। यहाँ तो सब-कुछ उलटा था, न केवल फीका, किंतु अत्यंत असाधारण।…नेहरू में इस अप्रत्याशित स्थिति ने खोज की पुरानी भावना उत्पन्न कर दी।'

कांग्रेस के कार्यक्रमों से प्रभावित होकर सन् 1913 में पं. जवाहरलाल ने उत्तर प्रदेश कांग्रेस की सदस्यता ग्रहण की। इन्हीं दिनों महात्मा गांधी के नेतृत्व में भारतीय मजदूरों ने दक्षिण अफ्रीका में आंदोलन आरंभ कर दिया था। इस अहिंसात्मक आंदोलन के समाचार भारत में पहुँचते रहते थे। पं. नेहरू पर इस आंदोलन का पर्याप्त प्रभाव पड़ा। 9 जनवरी, सन् 1915 को दक्षिण अफ्रीका के प्रवासी भारतीयों की विजय के बाद महात्मा गांधी भारत लौट आए। सन् 1916 में कांग्रेस के लखनऊ अधिवेशन में नेहरूजी ने महात्मा गांधी से भेंट की। नेहरूजी अभी तक इस विचार को पूरे विश्वास के साथ अस्वीकार नहीं कर पा रहे थे कि बिना किसी युद्ध के आततायी अंग्रेजी सरकार को भारत से भगाया जा सकता है और स्वतंत्रता प्राप्त की जा सकती है। गांधीजी के असहयोग आंदोलन के प्रति भी उनके मन में पूर्ण आस्था नहीं जम पाई थी। फिर भी वे महात्मा गांधी की ओर निरंतर आकर्षित होते गए।

सन् 1916 की बसंतपंचमी को नेहरू का विवाह दिल्ली में कमला कौल से हुआ।

कमलाजी ने कोई नियमित विद्यालयी शिक्षा प्राप्त नहीं की थी, किंतु वे सुकुमारता, सूक्ष्मग्राहिता और उत्साही व्यक्तित्व की स्वामिनी थीं। 19 नवंबर, सन् 1917 को उनके घर एक बालिका ने जन्म लिया, जिसका नाम इंदिरा प्रियदर्शिनी रखा गया। इन्हीं इंदिरा प्रियदर्शिनी ने अपने पिता से राजनीतिक प्रतिभा ग्रहण की और आगे चलकर देश की प्रधानमंत्री बनीं।

सन् 1919 में जलियाँवाला बाग के हत्याकांड ने संपूर्ण भारत को हिला दिया। फौजी अफसर जनरल डायर ने वैशाखी के पर्व पर उपस्थित निहत्थी हिंदू जनता पर, यहाँ तक कि बच्चों और महिलाओं पर, अंधाधुंध गोलियाँ बरसाईं। डायर के इस निर्दयी और कायरता से भरे हुए कार्य पर अंग्रेजी शासन को कोई दुःख नहीं हुआ। किंतु संपूर्ण राष्ट्र दुःख में डूब गया। इस घटना के बाद महात्मा गांधी ने अंग्रेजी सरकार के विरुद्ध असहयोग आंदोलन की घोषणा की। इस आंदोलन में पिता मोतीलाल नेहरू और पुत्र जवाहरलाल नेहरू दोनों ने हिस्सा लिया। यद्यपि मोतीलाल नेहरू यह नहीं चाहते थे कि जवाहरलाल राजनीति में प्रवेश करें, किंतु बदलती हुई परिस्थितियों में वह यह बंधन न लगा सके। सन् 1921 का वर्ष देश के लिए अपार संघर्ष का वर्ष था। आंदोलन ने व्यापक रूप धारण कर लिया था। हजारों देशवासी गिरफ्तार किए गए। अंग्रेजी शासन ने कांग्रेस को अवैध संस्था घोषित कर दिया। 6 दिसंबर, सन् 1921 में पिता और पुत्र दोनों को बंदी बना लिया गया। पिता और पुत्र दोनों के लिए कारावास का जीवन नए विश्वासों और नए आदर्शों का प्रतीक बन गया। 3 मार्च, सन् 1922 को उन्हें जेल से मुक्ति मिल गई, किंतु स्वतंत्रता की एकमात्र मंदिर 'जेल' अब उनके लिए अपरिचित नहीं रही।

असहयोग आंदोलन के अंतर्गत विदेशी वस्त्रों की होली जलाने का निर्णय लिया गया। विदेशी वस्तुओं के बहिष्कार का यह एक अनुपम उदाहरण था। इलाहाबाद में इस आंदोलन का नेतृत्व जवाहरलाल ने स्वीकार किया। परिणामतः दो महीने बाद 11 मई, सन् 1922 को विदेशी वस्त्रों के बहिष्कार के प्रसंग में उन्हें पुनः बंदी बना लिया गया। इस बार उन्हें डेढ़ वर्ष के कारावास का दंड मिला। अब तो जेल-यात्राओं का क्रम-सा बन गया था। 22 सितंबर, सन् 1923 को नाभा में प्रवेश-निषेधाज्ञा को भंग करने के लिए उन्हें बंदी बनाया गया और 4 अक्तूबर, 1923 को छोड़ दिया गया।

इसी बीच सन् 1922 में उन्हें प्रयाग नगरपालिका का अध्यक्ष सर्वसम्मति से चुना गया। नेहरूजी ने पूर्ण आत्मविश्वास और तत्परता से अपने कार्य का निर्वाह किया। चौरीचौरा कांड के पश्चात् महात्मा गांधी ने अपने असहयोग आंदोलन को एकदम वापस ले लिया। गांधीजी द्वारा संचालित यह आंदोलन पूरी तरह अहिंसात्मक था। किंतु हर सामान्य नागरिक की आस्था अहिंसा में नहीं थी। परिणामतः 8 फरवरी, 1922 की सुबह गोरखपुर जिले में चौरीचौरा नामक स्थान पर 21 लोगों को जिंदा जला दिया गया।

परिणामतः हिंसा के विरोध में गांधीजी ने अपने असहयोग आंदोलन को वापस ले लिया।

पं. मोतीलाल तथा पं. जवाहरलाल को यह निर्णय उपयुक्त नहीं लगा। पं. मोतीलाल ने सी.आर. दास के सहयोग से स्वराज्य दल का निर्माण भी कर लिया; किंतु जवाहरलाल नेहरू ने वस्तुस्थिति की आवश्यकता मानकर गांधीजी के निर्णय को स्वीकार कर लिया। सन् 1925 में उन्होंने प्रयाग नगरपालिका की अध्यक्षता से त्यागपत्र दे दिया।

सन् 1927 में पं. जवाहरलाल कांग्रेस के प्रतिनिधि के रूप में साम्राज्य-विरोधी संघ के जेनेवा अधिवेशन में सम्मिलित हुए। उन्होंने देखा कि भारत के समान दूसरे देशों के भी लोग यूरोपीय देशों की गुलामी से लड़ रहे हैं। सोवियत सरकार के निमंत्रण पर वे इसी वर्ष रूस की यात्रा पर गए। वहाँ की जनता ने अत्याचारी जार और बड़े-बड़े जमींदारों को मार भगाया था। वहाँ लेनिन के नेतृत्व में साम्यवादी शासन स्थापित हुआ था। सोवियत संघ से पंडित नेहरू एक नई अंतर्दृष्टि और एक नया विचार लेकर वापस आए। इसी वर्ष उन्होंने मद्रास में आयोजित कांग्रेस में स्वाधीनता के प्रस्ताव को प्रस्तुत किया। इसी अधिवेशन में साइमन कमीशन का बहिष्कार करने का निश्चय किया गया। इस कमीशन को ब्रिटिश सरकार ने इस बात की जाँच करने के लिए भेजा था कि भारतीय लोग स्वशासन के योग्य हैं या नहीं और उन्हें क्या अधिकार दिए जाएँ। भारत के भाग्य का निर्णय करने के लिए ब्रिटिश सरकार ने जिस साइमन कमीशन की नियुक्ति की थी, उसमें एक भी भारतीय सदस्य नहीं था। परिणामतः पूरे देश में इस कमीशन के बहिष्कार की गूँज व्याप्त हो गई।

साइमन कमीशन के खिलाफ लखनऊ में हुए प्रदर्शन में जवाहरलाल ने दो दिन भाग लिया। पहले दिन एक घुड़सवार ने उनकी पीठ पर दो बार लाठी से वार किया। अपनी आत्मकथा में नेहरूजी लिखते हैं कि शरीर की पीड़ा भूलकर मैं इस बात से बड़ा खुश था कि लाठियाँ सहकर भी खड़ा रहा। लेकिन दूसरे दिन उन पर इस कदर लाठियाँ बरसीं कि एक बार उनमें प्रतिशोध की भावना जाग उठी, पर उन्होंने अपने को सँभाल लिया, क्योंकि गांधीजी का आदेश था कि सरकार कितना भी अत्याचार करे, तुम बदले में हाथ न उठाओ।

दिसंबर, 1928 में कलकत्ता में कांग्रेस का अधिवेशन हुआ। इसमें यह निश्चय किया गया कि अंग्रेज यदि एक वर्ष के भीतर भारत को स्वतंत्रता देने के लिए तैयार नहीं हुए तो कांग्रेस इसके बाद पूर्ण स्वतंत्रता प्राप्त किए बिना किसी प्रस्ताव को स्वीकार नहीं करेगी। एक वर्ष व्यतीत हो गया और कांग्रेस के अधिवेशन का समय आ गया। अध्यक्ष के लिए कई नाम आए, किंतु गांधीजी के सुझाव पर पं. जवाहरलाल को अध्यक्ष चुना गया। उस

समय गांधीजी ने कहा था कि बहादुरी और देशभक्ति में उनका मुकाबला नहीं, और उनका दिल दर्पण की तरह साफ है।

पं. जवाहरलाल के नेतृत्व में 31 दिसंबर, 1929 की अर्धरात्रि को कांग्रेस के लाहौर अधिवेशन में पूर्ण स्वतंत्रता की घोषणा कर दी गई। इस अधिवेशन के बाद युवा वर्ग नेहरूजी का भक्त हो गया।

सविनय अवज्ञा आंदोलन के प्रारंभ में ही 14 अप्रैल, सन् 1930 को उन्हें नमक सत्याग्रह में 6 वर्ष का कारावास दंड मिला। 11 अक्तूबर को वह नैनी जेल से मुक्त हुए ही थे कि किसान सम्मेलन में भाग लेने के कारण उन्हें उसी वर्ष 29 सितंबर को दो वर्ष का कारावास दंड भोगने को मिला।

5 मार्च को गांधी–इरविन समझौता तो संपन्न हुआ, किंतु 26 दिसंबर, सन् 1931 को जवाहरलाल नेहरू को यह आदेश दिया गया कि वे प्रयाग से बाहर न जाएँ। जवाहरलाल को यह आदेश स्वीकार नहीं हुआ। उन्होंने इस आदेश को भंग किया, इसलिए उन्हें पुनः दो वर्ष का कारावास दंड मिला। इस बीच पं. मोतीलाल नेहरू की मृत्यु हो चुकी थी। 30 अगस्त, 1933 को माता स्वरूपरानी की बीमारी के कारण उन्हें जेल से छोड़ दिया गया।

फरवरी, सन् 1934 में उन्होंने कलकत्ता की जनसभा में ब्रिटिश शासन की कड़ी आलोचना की। यह आलोचना ब्रिटिश शासन को स्वीकार्य नहीं हुई। 16 फरवरी को चीफ प्रेसीडेंसी मजिस्ट्रेट कलकत्ता ने उन्हें दो वर्ष की सजा दी। यह उनकी सातवीं जेल–यात्रा थी। इसी बीच उनकी पत्नी कमला बहुत बीमार हो गईं। जर्मनी में उनका इलाज हो रहा था। उनकी अंतिम घड़ी जानकर, सरकार ने जवाहरलाल को रिहा कर दिया। जवाहरलाल जर्मनी गए, पर वे कमला को बचा न सके। 'यूरोप से कमला की भस्म के कलश के साथ उड़कर भारत आते जवाहरलाल अकेलेपन और थकान की भावना से अभिभूत थे।'

सन् 1933 में प्रकाशित श्वेत–पत्र के आधार पर सन् 1935 का अधिनियम बना और सन् 1937 में संसदीय व्यवस्था के लिए आम चुनाव हुए। जुलाई, सन् 1937 में कांग्रेस ने विभिन्न प्रांतों में अपने मंत्रिमंडल बनाए। सन् 1939 में विश्व दूसरे महायुद्ध में ग्रस्त हो गया। कांग्रेस से बिना परामर्श किए अंग्रेज शासन ने भारत को भी युद्ध में एक सहयोगी बना दिया। इससे कांग्रेस रुष्ट हो गई और उसके मंत्रिमंडल के सदस्यों ने सन् 1939 में त्यागपत्र दे दिए।

गांधीजी को यह आशा थी कि ब्रिटिश सरकार शीघ्र ही भारत के लिए स्वतंत्रता की घोषणा करेगी, लेकिन 8 अगस्त, सन् 1940 को वायसराय की घोषणा से गांधीजी का स्वप्न भंग हो गया। गांधीजी ने 17 अगस्त, 1940 को व्यक्तिगत सविनय अवज्ञा

आंदोलन आरंभ किया।

22 मार्च, सन् 1942 को अंग्रेज सरकार ने बातचीत के लिए क्रिप्स को भारत भेजा। बातचीत से खिन्नता अनुभव करने के कारण गांधीजी ने कांग्रेस को अंतिम संघर्ष के लिए तैयार कर लिया। 8 अगस्त, सन् 1942 को 'भारत छोड़ो आंदोलन' का प्रस्ताव पारित होने के साथ-साथ सभी प्रमुख राष्ट्रीय नेता बंदी बना लिए गए। सरदार पटेल, मौलाना आजाद और राजेंद्रप्रसाद के साथ जवाहरलाल को अहमदनगर के किले में रखा गया। इन्हीं दिनों जेल में जवाहरलाल नेहरू ने अपनी प्रसिद्ध पुस्तक 'डिस्कवरी ऑफ इंडिया' लिखी, जिनमें भारत के इतिहास पर विचार किया गया है।

यूरोप में शांति हो जाने पर 15 जनवरी, सन् 1945 को सभी नेताओं के साथ नेहरूजी को भी जेल से मुक्त कर दिया गया। ब्रिटेन में आम चुनावों के बाद नई सरकार की स्थापना हुई। ब्रिटिश सरकार भारतीय नेताओं से कोई-न-कोई समझौता करना चाहती थी, इसलिए उसने भारतीय नेताओं से बात करने के लिए अपने मंत्री भेजे। 25 जून, सन् 1945 को वे ब्रिटिश प्रतिनिधियों से मिलने शिमला सम्मेलन में गए। 9 मई, सन् 1946 को उन्हें चौथी बार कांग्रेस का अध्यक्ष चुना गया। 17 अगस्त, सन् 1946 को उन्होंने अंतरिम सरकार बनाने का प्रस्ताव स्वीकार किया और वायसराय की कौंसिल के उपाध्यक्ष तथा परराष्ट्र विभाग के सदस्य के रूप में शपथ ग्रहण की। संविधान सभा का गठन किया गया। उसकी बैठक में जवाहरलाल ने सामाजिक तथा आर्थिक लक्ष्यों की रूपरेखा प्रस्तुत की। मुसलिम लीग ने इस सभा का बहिष्कार किया। उसके असहयोग के कारण माउंटबेटन की 3 जून, 1947 की योजना के आधार पर देश के विभाजन का निर्णय हुआ।

15 अगस्त, सन् 1947 को अंग्रेज शासन ने देश के विभाजन को अंतिम रूप देकर भारत की सत्ता राष्ट्रीय नेताओं को सौंप दी। जवाहरलाल को भारत का प्रथम प्रधानमंत्री बनाया गया। एक ओर भारत में अपूर्व उत्साह था, जगह-जगह समारोह आयोजित किए जा रहे थे, तो दूसरी ओर विभाजन के कारण सांप्रदायिक दंगों ने भीषण रूप धारण कर लिया। यह जवाहरलाल की अग्निपरीक्षा का समय था। इन्हीं दंगों की भूमिका में 30 जनवरी, 1948 को महात्मा गांधी की हत्या कर दी गई। गांधीजी की मृत्यु से जवाहरलाल को जितनी वेदना हुई, उतनी उन्हें संभवत: माता-पिता अथवा पत्नी के स्वर्गवास पर भी न हुई होगी।

17 फरवरी, सन् 1948 को जवाहरलाल ने संविधान सभा में तटस्थता की नीति की घोषणा की और जीवन के अंतिम क्षण तक इसका पालन किया। प्रधानमंत्री के रूप में जवाहरलाल ने युग को एक नई दिशा दी। विश्व को उन्होंने तटस्थ राष्ट्रों

का एक संघ दिया तथा राष्ट्रीय स्तर पर धर्मनिरपेक्ष भावनाओं से परिपूर्ण लोकतंत्रात्मक समाजवाद की स्थापना की।

जवाहरलाल का विश्वास था कि बिना समाजवाद के देश की सारी जनता को सुख के साधन प्राप्त नहीं होंगे। उन्हीं की प्रेरणा से सन् 1931 में कांग्रेस ने कराची अधिवेशन में बुनियादी और आर्थिक नीति-संबंधी प्रस्ताव स्वीकार किया था, जिसमें कहा गया था, कि बड़े उद्योग, खनिज-पदार्थ, रेलें, जहाजरानी निजी अधिकार में न रहकर राज्य की संपत्ति होंगे और सरकार ही उन्हें चलाएगी। आगे चलकर मद्रास के निकट आवड़ी अधिवेशन में जवाहरलाल ने अपने विचारों को और ठोस रूप दिया तथा कांग्रेस ने घोषणा की कि उसका उद्देश्य समाजवादी समाज की स्थापना करना है। कई प्रांतों में जमींदारी-उन्मूलन कानून बने और भूमि को जोतनेवाले की ही संपत्ति माना गया।

नेहरू यह स्वीकार करते थे कि संसार बहुत छोटा हो गया है। संसार की कठिनाइयों को हल करने के लिए विश्व संघ को वह एक आदर्श के रूप में स्वीकार करते थे। उन्होंने विश्व सरकार के आदर्श की कल्पना भी इसी संदर्भ में की थी। उनकी विदेश नीति मूल रूप से विश्वशांति की भावना को विकसित करती थी। यद्यपि उसने राष्ट्रीय हितों की कभी उपेक्षा नहीं की, किंतु उन्होंने विदेश नीति को आक्रामक नहीं बनाया। नेहरूजी की विदेश नीति तटस्थता और पंचशील से संचालित थी। 17 सितंबर, सन् 1955 को उन्होंने पंचशील के उदय पर लोकसभा में भाषण देते हुए कहा था—'मेरा विचार है कि हम इस शांतिपूर्ण समझौते और इससे ज्यादा दखल न देने के विचार को फैलाने का श्रेय ले सकते हैं। हरेक देश दूसरों के मामलों में दखल दिए बिना अपने भाग्य का खुद निर्माण करे, यह एक अहम विचार है, हालाँकि यह कोई नई बात नहीं है। कोई भी सच्चाई नई नहीं होती। लेकिन यह सच है कि दखल न देने के विचार पर कुछ ज्यादा जोर डालने की जरूरत है।' चीन के प्रधानमंत्री के साथ 'पंचशील' के सिद्धांतों पर जून, सन् 1954 में हस्ताक्षर करके उन्होंने बुद्ध, महावीर और गांधी की अहिंसा को वरेण्य बनाया था।

नेहरू के पंचशील को चीन ने आक्रमण करके मृतप्राय बनाने की चेष्टा की, किंतु शांति की उम्र युद्ध से बड़ी होती है, इसलिए विश्व में 'पंचशील' का जयघोष और चीन के आक्रमण की भर्त्सना की गूँज आज भी सुनाई देती है। तटस्थता की नीति अपनाने के पीछे मूल रूप से भारत की आध्यात्मिक और ऐतिहासिक पृष्ठभूमि नेहरूजी के लिए प्रेरणा का विषय थी। वह नवोदित राष्ट्र को युद्ध के समीप नहीं ले जाना चाहते थे। तत्कालीन अंतरराष्ट्रीय परिस्थितियों ने उन्हें 'शांति का दूत' बना दिया, फलतः उन्होंने कभी भी भारत को 'शक्ति गुटों' का सदस्य नहीं बनाया। सन् 1962 में चीनी सैनिक

भारतीय इलाके में घुस आए और भारत को अपनी रक्षा के लिए लड़ना पड़ा। चीन के विश्वासघात से जवाहरलाल को बड़ी निराशा हुई। चीन को वापस हटना पड़ा, पर इस संकट के समय में भी जवाहरलाल ने गुटों से अलग रहने की अपनी नीति नहीं छोड़ी।

जनवरी, सन् 1963 में अखिल भारतीय कांग्रेस कमेटी के अधिवेशन में सम्मिलित होने के लिए पं. जवाहरलाल भुवनेश्वर गए। वहाँ उन्हें लकवे का हलका दौरा पड़ा, किंतु देश के सौभाग्य से वे स्वस्थ हो गए और पहले की ही तरह परिश्रम करते रहे। 27 मई, सन् 1964 की सुबह जब वे सोकर उठे तो उन्होंने बेचैनी और कमजोरी अनुभव की और उसी दिन दोपहर के बाद लगभग 2 बजे उन्होंने इस असार संसार को त्याग दिया। सारा देश शोक में डूब गया। सारा विश्व शांति के अग्रदूत नेहरू के अवसान पर स्तब्ध था। सबको ऐसा अनुभव हो रहा था मानो उनका कोई निकट संबंधी उनसे जुदा हो गया है। हर आँख में आँसू था, हर दिल में वेदना थी, हर कंठ में क्रंदन था, हर चेहरे पर उदासी थी। नेहरूजी की मृत्यु के साथ देश के इतिहास का एक युग समाप्त हो गया। राजनीतिज्ञ की बुद्धिमत्ता लेकर उन्होंने उच्चतम विचार मधुर भाषा में प्रकट किए। निश्चय ही जवाहरलाल मानव-जाति के मुक्तिदाता थे। सर्वपल्ली डॉ. राधाकृष्णन के शब्दों में—'जवाहरलाल नेहरू हमारी पीढ़ी के एक महानतम व्यक्ति थे। वह एक ऐसे अद्वितीय राजनीतिज्ञ थे, जिनकी मानव-मुक्ति के प्रति सेवाएँ चिरस्मरणीय रहेंगी। स्वाधीनता-संग्राम के योद्धा के रूप में वह यशस्वी थे और आधुनिक भारत के निर्माण के लिए उनका अंशदान अभूतपूर्व था।'

विषय-क्रम

मैं नेहरू बोल रहा हूँ

अंग्रेज

अंग्रेज उन बातों में बड़े ईमानदार हैं, जिनसे उनका फायदा हो सकता है।

—जवाहरलाल नेहरू वाङ्मय (खंड-7), पृ. 292

* * *

अंतर

आखिर एक वोट रखनेवाला गरीब, एक ही वोट रखनेवाले अमीर के बराबर कहाँ है ? करोड़पति के लिए अपना असर डालने के सैकड़ों तरीके हैं, लेकिन गरीब के पास ऐसा कुछ भी नहीं। जिस आदमी के पास शिक्षा के भरे-पूरे लाभ हैं, उसमें और इन लाभों से वंचित आदमी में बराबरी कहाँ हुई ? तो, इस तरह शैक्षिक, आर्थिक और दूसरी दृष्टि से लोगों में बहुत अंतर है। मेरे खयाल से कुछ हद तक लोगों में अंतर रहेगा ही।

—जवाहरलाल नेहरू के भाषण (खंड-1), पृ. 27

* * *

अंतरराष्ट्रीयता

राष्ट्रवाद के इस संकीर्ण घेरे से जरा अपने को बाहर निकालिए और दुनिया की बात सोचिए। उन विश्व-शक्तियों को देखिए, जो आज काम कर रही हैं। हिंदुस्तान दुनिया से अलग न कोई एकांश आज है, न कभी हो सकता है। यह विश्वयोजना के अंग के रूप में विकसित होता है, विकसित होता जाता है। मगर आप दुनिया में आइए, जो एक-दूसरे के संपर्क में हैं, तो आप देखेंगे कि व्यवसाय, वाणिज्य, विज्ञान और संस्कृति के क्षेत्र में उनका एक-दूसरे से संबंध है।[1]

—जवाहरलाल नेहरू वाङ्मय (खंड-7), पृ. 519-520

* * *

---

1. कलकत्ता में विद्यार्थियों की सभा में भाषण।

अंबेडकर

मैं डॉ. अंबेडकर के धर्म-परिवर्तन की बात को बहुत महत्त्व नहीं देता, क्योंकि उनका धर्म भरोसे के लायक नहीं था। डॉ. अंबेडकर ऊँचे तबके के दलित वर्ग के नेता हैं, जिसकी माली हालत अच्छी है। सरकारी नौकरियों में हिस्सा पाने की ख्वाहिश से वे लोग प्रतियोगिताओं में शामिल हो रहे हैं, और नौकरियाँ तलाश रहे हैं। जो सचमुच दलित हैं, उनके नुमाइंदे गांधीजी हैं, ना कि कांग्रेस के बाहर के वे लोग, जो दलितों के लिए अलग निर्वाचन-क्षेत्र की बात पर राजी होकर उन्हें हमेशा दलित बनाए रखना चाहते हैं।[1]

— जवाहरलाल नेहरू वाङ्मय (खंड-7), पृ. 85

* * *

अनिवार्य सैनिक शिक्षा

अनिवार्य सैनिक शिक्षा की बात, रक्षा की दृष्टि से कोई विशेष महत्त्व नहीं रखती। क्योंकि वास्तविक समस्या यह नहीं है कि लोगों में युद्ध की मनोवृत्ति पैदा की जाए, बल्कि वह यह है कि लड़ाई के साधन प्राप्त हों। अगर आपके यहाँ करोड़ों आदमी दकियानूसी हथियार और लाठियाँ लिए हुए हों, तो उससे बहुत लाभ नहीं होगा। आपको युद्ध के समय मुख्य साधनों का उत्पादन कर सकना चाहिए। वास्तव में, युद्ध में हथियार और सभी तरह की चीजें आवश्यक हैं। अगर आप औद्योगिक दृष्टि से मजबूत हैं, तो आप अपनी फौज, नौसेना और हवाई शक्ति को थोड़े समय में तैयार कर सकते हैं। अगर आप अपने जंगी जहाज और सबकुछ विदेशों से खरीदने पर निर्भर रहते हैं—और वह स्रोत बंद हो जाता है, और कुछ हजार आदमी 'युद्ध-युद्ध' चिल्लाते रहते हैं, तो वह बिलकुल बेकार है।

— जवाहरलाल नेहरू के भाषण (खंड-1), पृ. 68

* * *

लोग अनिवार्य फौजी सेवा की बात करते हैं। एक दृष्टि से मैं साधारणतः अनिवार्य फौजी सेवा के पक्ष में नहीं हूँ। लेकिन मैं इस मानी में इसके पक्ष में हूँ कि यह जनता को कुछ अधिक अनुशासन सिखाएगी। शारीरिक उन्नति की दृष्टि से भी मैं इसके पक्ष में हूँ।

— जवाहरलाल नेहरू के भाषण (खंड-1), पृ. 67-68

* * *

अनुशासन

आप में जितना अधिक अनुशासन होगा, आप में उतनी ही आगे बढ़ने की शक्ति

---

1. जनवरी, 1936 में डॉ. अंबेडकर ने पूना में घोषणा की थी कि वह हिंदू धर्म छोड़ने पर आमादा हैं।

होगी। कोई भी देश—जिसमें न तो थोपा गया अनुशासन है, और न आत्म-अनुशासन—बहुत समय तक नहीं टिक सकता।

—नेहरू और नई पीढ़ी : हरिदत्त शर्मा, पृ. 207

* * *

फौज में हर कोई अफसर नहीं बन सकता। अगर सभी अफसर हो जाएँ तो सिपाहियों का काम कौन करेगा ? बड़ों की नुक्ताचीनी का कोई मतलब नहीं रह जाएगा, अगर नौजवानों के अंदर भी आत्म-विचार करने और सभाओं में तकरीरें देने का वही मर्ज हो जाए। सभाओं में भाषण देने की आदत डालने से बाज आइए। भाषण देनेवाले बहुत हैं, और यह आदत छोड़ देनी होगी। नौजवानों को अनुशासन की आदत डालनी चाहिए, जो सच्ची कामयाबी हासिल करने का एक बहुत ही जरूरी जुज है।

—जवाहरलाल नेहरू वाङ्मय (खंड-7), पृ.15-16

* * *

अपने विषय में

बौद्ध-धर्म का निराशावाद, मेरे अपने जिंदगी के नजरिए से मेल नहीं खाता, न जिंदगी और उसके मसलों से भागने की उसकी प्रवृत्ति मेरे अनुकूल पड़ती है। अपने दिमाग के किसी छिपे हुए कोने में मैं काफिर हूँ, और जिस तरह से काफिर जिंदगी और प्रकृति को उमंग के साथ देखता है, उसी तरह मैं देखता हूँ। और जिंदगी में जिन संघर्षों का सामना करना पड़ता है, उनसे घबराता नहीं हूँ। जो कुछ मैंने अनुभव किया है, या अपने चारों ओर देखा है, वह चाहे जितना तकलीफ और दुःख पहुँचानेवाला रहा हो, उससे मेरे इस नजरिए में फर्क नहीं पड़ा है।

—हिंदुस्तान की कहानी, पृ. 173-174

* * *

अप्रसन्न न करो

बिना किसी को अप्रसन्न किए हुए, अपने प्रति संसार के करोड़ों लोगों से सहानुभूति और आशाओं को आकर्षित करने से आगे चलकर भारत का बड़ा हित होगा। दूसरों को अप्रसन्न करना या उनसे टक्कर लेना हमारा उद्देश्य नहीं है।

—जवाहरलाल नेहरू के भाषण (खंड-1), पृ.163

* * *

अलगाव

अलगाव हमेशा भारत की कमजोरी रहा है। पृथक्तावादी प्रवृत्तियाँ—चाहे वे हिंदुओं की रही हों या मुसलमानों की, सिखों की या और किसी की—हमेशा खतरनाक और गलत रही हैं। ये छोटे और तंग दिमागों की उपज होती हैं। आज कोई भी आदमी,

जो वक्त की नब्ज को पहचानता है, सांप्रदायिक ढंग से नहीं चल सकता।

—जवाहरलाल नेहरू के भाषण (खंड-1), पृ. 56

❋ ❋ ❋

अशोक

इस अद्भुत शासक ने, जिसे अब तक हिंदुस्तान में और एशिया के दूसरे हिस्सों में प्रेम के साथ याद किया जाता है, बुद्ध के सत्कर्म और सद्भाव की शिक्षा के फैलाने में, और जनता के हित के कामों में अपने को पूरी तरह लगा दिया। वह घटनाओं को हाथ-पर-हाथ रखकर देखनेवाला, और ध्यान में डूबा हुआ और अपनी उन्नति की चिंता में खोया हुआ आदमी न था। वह राज-कार्य में मेहनत करनेवाला था, और उसने यह ऐलान कर दिया था कि मैं सदा काम के लिए तैयार हूँ। सब वक्तों में और सब तरह, चाहे मैं खाना खाता होऊँ, चाहे रनिवास में होऊँ, चाहे शयन में रहूँ, या स्नान में, सवारी पर रहूँ या महल के बाग में—सरकारी कर्मचारी जनता के कार्यों के बारे में मुझे बराबर सूचना देते रहें। जिस समय भी हो और जहाँ भी हो, मैं लोकहित के लिए काम करूँगा।

—हिंदुस्तान की कहानी, पृ. 177-178

❋ ❋ ❋

अहंकार

प्राय: दुनिया का हर देश यह विश्वास करता है कि स्रष्टा ने उसे कुछ विशेष गुण देकर भेजा है, कि वही दूसरों की अपेक्षा श्रेष्ठ जाति या समुदाय का है। चाहे दूसरे अच्छे हों या बुरे लेकिन उनसे कुछ घटिया प्राणी हैं। यह एक अजीब सी बात है कि यह भावना पूर्व और पश्चिम के सभी राष्ट्रों में निरपवाद रूप से पाई जाती है।

— जवाहरलाल नेहरू के भाषण (खंड-1), पृ. 33

❋ ❋ ❋

अहिंसा/हिंसा

और मैं हिंदुस्तान को अहिंसा का रास्ता अख्तयार करने के लिए इसलिए नहीं कहता कि वह कमजोर है। मैं चाहता हूँ कि वह अपनी ताकत और अपने बल-भरोसे को जानते हुए अहिंसा पर अमल करे…मैं चाहता हूँ कि हिंदुस्तान यह पहचान ले कि उसके एक आत्मा है—जिसका नाश नहीं हो सकता, और जो सारी शारीरिक कमजोरियों पर विजय पा सकती है, और सारी दुनिया के शारीरिक बलों का मुकाबला कर सकती है।

—मेरी कहानी, पृ. 126

❋ ❋ ❋

कुछ लोग नैतिक बुनियाद पर हिंसा को वर्जित मानते हैं। बहुतों को अहिंसा पसंद हो सकती है, लेकिन अगर किसी मौके पर उन्हें लगता है कि हिंसा से ज्यादा नतीजा

निकल सकता है—तो वे बिना शक उसे अमल में ले आएँगे। यह तो और किसी चीज की निस्बत जरूरत का सवाल है।

— जवाहरलाल नेहरू वाङ्मय (खंड-3), पृ. 402

* * *

मैं इस उसूल को नहीं मानता—कि अगर कोई मेरे दाहिने गाल पर थप्पड़ मारे तो मैं उसकी ओर अपना बायाँ गाल कर दूँ। फिर भी व्यावहारिक अनुभव से, और पिछले साल की लड़ाई में हमें जो कामयाबी मिली है उससे, यह बिलकुल साफ हो जाता है कि अहिंसा कितनी बड़ी ताकत साबित हुई है। अगर मुल्क में अहिंसा का माहौल है, तो हिंसक कारंरवाइयों के लिए कोई जगह नहीं है।

— जवाहरलाल नेहरू वाङ्मय (खंड-5), पृ. 293

* * *

राजनैतिक अर्थ में अहिंसात्मक आंदोलन को अभी तक तो कामयाबी मिली नहीं, क्योंकि हिंदुस्तान अब भी साम्राज्यवाद के अनीतिपाश में जकड़ा हुआ है। सामाजिक अर्थ में, अहिंसा के प्रयोग से क्रांति की कल्पना कभी की तक नहीं गई, फिर भी जो आदमी जरा भी गहराई में उतर सकता है, वह देख सकता है कि हिंदुस्तान के करोड़ों लोगों ने इसमें एक जबरदस्त परिवर्तन कर दिया। इस अहिंसात्मक आंदोलन ने करोड़ों हिंदुस्तानियों को चरित्र-बल, शक्ति और आत्मविश्वास आदि ऐसे अमूल्य गुणों का पाठ पढ़ाया है, जिनके बिना राजनैतिक या सामाजिक, किसी भी किस्म की तरक्की करना या उसे कायम रखना कठिन है। यह कहना मुश्किल है कि ये निश्चित लाभ अहिंसा की बदौलत हुए हैं, या महज संघर्ष की बदौलत। बहुत से मौकों पर कई राष्ट्रों ने ऐसे फायदे हिंसात्मक लड़ाई के जरिए भी हासिल किए हैं, फिर भी मेरा खयाल है कि यह बात तो इत्मीनान के साथ कही जा सकती है कि इस मामले में अहिंसा का तरीका हमारे लिए बेशकीमत साबित हुआ है।

—मेरी कहानी, पृ. 749-750

* * *

हमारा सारा जीवन ही संघर्षमय और हिंसायुक्त है, और यह बात सही मालूम होती है कि हिंसा-से-हिंसा ही पैदा होती है—और इस तरह हिंसा को रोकने का उपाय हिंसा नहीं है। लेकिन फिर भी हिंसा का कभी प्रयोग न करने को कसम खा लेने का अर्थ होता है—सर्वथा नकारात्मक दृष्टि धारण कर लेना और इस प्रकार जीवन से कोई संपर्क न रखना। हिंसा तो आधुनिक राज्यों और समाजों की धमनियों में रक्त के समान बहती है। राज्य के पास अगर दंड देने के अस्त्र न हों, तो फिर न तो कर वसूल किए जा सकते हैं, न जमींदारों को उनका लगान ही मिल सकता है, और न निजी संपत्ति ही कायम रह

सकती है। पुलिस तथा फौज के बल से, कानून, दूसरों को पराई संपत्ति के उपयोग से रोकता है। इस प्रकार राष्ट्रों की स्वाधीनता—आक्रमण से रक्षा के लिए हिंसा-बल पर टिकी है।

—मेरी कहानी, पृ. 752

❋ ❋ ❋

हिंसा और अहिंसा का सवाल मेरे लिए बेईमानी है। जिस घड़ी हिंसा जरूरी हो जाती है, मैं उसका इस्तेमाल करने में हिचकिचाऊँगा नहीं। इन सब चीजों के साथ एक शर्त जुड़ी है, और वह यह है कि हम अनुशासन पैदा करें, और खतरा उठाने के लिए तैयार रहें।

—जवाहरलाल नेहरू वाङ्मय (खंड-3), पृ. 239

❋ ❋ ❋

आजादी स्वतंत्रता

असली स्वतंत्रता वह नहीं है जो और देशों की तरफ, और ताकतों की तरफ, और फौजों की तरफ और पैसे की तरफ, देखकर अपने को बचाने की कोशिश करे।

—लालकिले के प्राचीर से (भाग-1), पृ. 18

❋ ❋ ❋

आजादी एक ऐसी चीज है कि जिस वक्त आप गफलत में पड़ेंगे, वह फिसल जाएगी। वह जा सकती है, वह खतरे में पड़ सकती है।

—लालकिले के प्राचीर से (भाग-1), पृ. 14

❋ ❋ ❋

आजादी के माने यह नहीं हैं कि हर एक आदमी आजादी के नाम से हर बुरा काम करे। आप अपने खयालात का आजादी से इजहार कीजिए; लेकिन उसके माने यह नहीं कि सड़क या अखबारों में हर एक को गालियाँ दीजिए। क्योंकि फिर तो ऐसी बातों से हमारी सारी जिंदगी गिर जाएगी। खास तौर से, आजादी के माने यह नहीं कि लोग उस आजादी की जड़ें खोदें। अगर कोई ऐसा करे, तो जाहिर है कि उसका मुकाबला करना होता है, उसको रोकना होता है।

—लालकिले के प्राचीर से (भाग-1), पृ. 24

❋ ❋ ❋

आजादी, खाली सियासी आजादी नहीं, खाली राजनीतिक आजादी नहीं। स्वराज्य और आजादी के माने और भी हैं—सामाजिक हैं, आर्थिक हैं। अगर देश में कहीं गरीबी है, तो वहाँ तक आजादी नहीं पहुँची, यानी उनको आजादी नहीं मिली, जिससे वे गरीबी के फंदे में फँसे हैं। जो लोग गरीबी और दरिद्रता के शिकार हैं, वे पूरी तौर से आजाद नहीं हुए। उनको आजाद करना है। इसी तरह अगर हम आपस के झगड़ों में फँसे हुए हैं,

आपस में वैर है, बीच में दीवारें हैं, हम एक-दूसरे से मिलकर नहीं रहते, तब भी हम पूरे तौर से आजाद नहीं हुए।

—लालकिले के प्राचीर से (भाग-1), पृ. 61

✻ ✻ ✻

आजादी भी अजीब-अजीब जिम्मेदारियाँ लाती है और बोझे लाती है। अब इन जिम्मेदारियों का सामना हमें करना है, और एक आजाद हैसियत से हमें आगे बढ़ना है, और अपने बड़े-बड़े सवालों को हल करना है। सवाल बहुत बड़े हैं। सवाल हमारी सारी जनता का उद्धार करने के हैं। हमें गरीबी को दूर करना है, बीमारी को दूर करना है, अनपढ़पने को दूर करना है, और आप जानते हैं—कितनी और मुसीबतें हैं, जिनको हमें दूर करना है। आजादी महज एक सियासी चीज नहीं है। आजादी तभी एक ठीक पोशाक पहनती है, जब जनता को फायदा हो। *—लालकिले के प्राचीर से (भाग-1), पृ. 1*

✻ ✻ ✻

आर्थिक आजादी के बिना, और जब तक गरीबी न मिटे, तब तक असली आजादी हो ही नहीं सकती। भूखे आदमी से कहना कि तुम आजाद हो—सिर्फ उसका मजाक करना है। *—विश्व-इतिहास की झलक (भाग-1), पृ. 326*

✻ ✻ ✻

जो लोग आजादी चाहते हैं, उनको हमेशा अपनी आजादी की हिफाजत करने के लिए, अपनी आजादी को बचाने और रखने के लिए, अपने को न्योछावर करने को तैयार रहना चाहिए। जहाँ कोई कौम गफलत खाती है, वह कमजोर होती है और गिर जाती है। इसलिए हमें हमेशा तैयार रहना है।

—लालकिले के प्राचीर से (भाग-1) पृ. 6

✻ ✻ ✻

देश की आजादी कुछ लोगों की खुशहाली से नहीं देखी जाती। देश की आजादी आम लोगों के रहन-सहन, आम लोगों की तरक्की का—बढ़ने का क्या मौका मिलता है, आम लोगों को क्या तकलीफ और क्या आराम है, इन बातों से देखी जाती है। तो हम अभी आजादी के रास्ते पर हैं, यह न समझिए कि मंजिल पूरी हो गई।

—लालकिले के प्राचीर से (भाग-1), पृ. 61

✻ ✻ ✻

हम लोगों ने एक जमाने से, जहाँ तक हममें ताकत थी और कूबत थी—हिंदुस्तान की आजादी की मशाल को उठाया। हमारे बुजुर्गों ने उसको हमें दिया था, हमने अपनी ताकत के मुताबिक उसको उठाया; लेकिन हमारा जमाना भी अब हलके-हलके खत्म होता है, और उस मशाल को उठाने और जलाए रखने का बोझा आपके ऊपर होगा—

आप जो हिंदुस्तान की औलाद हैं, हिंदुस्तान के रहनेवाले हैं, चाहे आपका मजहब कुछ हो, चाहे आपका सूबा या प्रांत कुछ हो। आखिर में उस मशाल को शान से जलाए रखने का आपका एक फर्ज है, और वह मशाल है आजादी की, अमन की और सच्चाई की।

—लालकिले के प्राचीर से (भाग-1), पृ. 11-12

❋ ❋ ❋

आत्मनिर्भरता

आप याद रखें कि मदद के लिए बाहर की तरफ ज्यादा देखना, भरोसा करना—चाहे पैसे के लिए हो या किसी और बात के लिए—कौम को कमजोर करता है। जो कौम दूसरों की तरफ बहुत देखती है, अपाहिज हो जाती है।

—लालकिले के प्राचीर से (भाग-1), पृ. 37

❋ ❋ ❋

हमें अपने ऊपर भरोसा करना है, औरों पर नहीं। हम दुनिया की दोस्ती चाहते हैं। अपने मुल्क में हम जितने लोग रहते हैं, करोड़ों आदमी—चाहे किसी जाति के हों, किसी धर्म के हों, किसी पेशे के हों, किसी तबके के हों—उन सबकी दोस्ती चाहते हैं, प्रेम चाहते हैं, सहयोग चाहते हैं। हम सारी दुनिया से सहयोग चाहते हैं। हम सब देशों के साथ प्रेम से, मुहब्बत से और सहयोग से रहना चाहते हैं। उनमें से जो हमारी किसी बात में मदद करे, बड़ी खुशी से मदद स्वीकार है। लेकिन आखिर में हमारा भरोसा अपने ऊपर है, दुनिया के किसी और देश पर नहीं—इस बात को हमें और आपको याद रखना है, क्योंकि जो लोग औरों पर भरोसा करते हैं, वे खुद कमजोर हो जाते हैं, दुर्बल हो जाते हैं; और जब दूसरे लोग मदद नहीं करते, तो फिर वे बेबस हो जाते हैं और कुछ नहीं कर सकते।

—लालकिले के प्राचीर से (भाग-1), पृ. 18

❋ ❋ ❋

आत्मप्रशंसा

अपने मुँह से अपनी तारीफ करना हमेशा खतरनाक चीज होती है। राष्ट्र के लिए भी वह उतनी ही खतरनाक है, क्योंकि वह उसे आत्म-संतुष्ट और निष्क्रिय बना देती है, और दुनिया उसे पीछे छोड़कर आगे बढ़ जाती है।

—जवाहरलाल नेहरू वाङ्मय (खंड-3), पृ. 188

❋ ❋ ❋

आत्मविश्वास

आप अपने पर भरोसा कीजिए, अपने पर यकीन कीजिए, और अपने देश पर भरोसा कीजिए। और अगर मुझे अपने देश पर यकीन और अपने देश के भविष्य पर

भरोसा न होता तो क्या आप समझते हैं कि इन तीस-चालीस वर्षों में हम लोग उस काम को कर सकते जो कुछ छोटा या बड़ा काम हमने किया!

—लालकिले के प्राचीर से (भाग-1), पृ. 16

❋ ❋ ❋

आत्मा

असल में मेरी दिलचस्पी इस दुनिया में और इस जिंदगी में है—किसी दूसरी दुनिया या आनेवाली जिंदगी में नहीं। आत्मा जैसी कोई चीज है भी या नहीं—मैं नहीं जानता। और अगरचे ये सवाल महत्त्व के हैं, फिर भी इनकी मुझे कुछ भी चिंता नहीं।

—हिंदुस्तान की कहानी, पृ. 33

❋ ❋ ❋

आत्मालोचन

आइए, हम सब अपने अंदर झाँककर देखें, और बिना रियासत या पूर्वाग्रह के इस बात की जाँच करें कि हमने क्या किया है, और दूसरों ने हमारे साथ क्या किया है; साथ ही यह जानने की कोशिश करें कि आज हम किस हालत में हैं। दूसरों की नाराजी के डर से हमें अपने आपको भुलावा नहीं देना है, और न असल मुद्दों से नजरें ही चुरानी हैं—भले ही उन 'दूसरों' में कुछ लोग हमारे साथी ही क्यों न हों—जिनकी हम इज्जत करते हैं। वह रास्ता अपने को धोखा देने का रास्ता है, और जो लोग बड़ी और अहम तब्दीलियाँ चाहते हैं, वे बिना खतरा मोल लिए उस रास्ते पर नहीं जा सकते।

— जवाहरलाल नेहरू वाङ्मय (खंड-7), पृ. 166

❋ ❋ ❋

औरों की कमजोरियों की तरफ न देखें, औरों की नुक्ताचीनी न करें—अपनी तरफ देखें। अगर हर एक आदमी अपना-अपना कर्तव्य करता है, अपना-अपना फर्ज अदा करता है, तो दुनिया का काम बहुत आगे जाएगा। लेकिन औरों के काम की नुक्ताचीनी करना, निंदा करना हमारा कुछ पेशा हो गया है। और चाहे हम अपना काम करें या न करें, हर एक को अपने पड़ोसी के काम की फिक्र है—अपने काम की नहीं। और इससे न पड़ोसी काम कर सकता है, न हम कर सकते हैं।

—लालकिले के प्राचीर से (भाग-1), पृ. 51

❋ ❋ ❋

दूसरों की गलतियों की आलोचनाएँ जरूर की जाएँ, लेकिन हमें अपनी तरफ भी जरूर देखना चाहिए।

— जवाहरलाल नेहरू के भाषण (खंड-1), पृ. 115

❋ ❋ ❋

आदमी

अनगिनत कमजोरियों के बावजूद, आदमी ने सभी युगों में, अपने जीवन की ओर अपनी सभी प्रिय वस्तुओं की—एक आदर्श के लिए, सत्य और विश्वासों के लिए, देश और इज्जत के लिए कुरबानी की है। यह आदर्श बदल सकता है, लेकिन कुरबानी की यह भावना बनी हुई है। और इसी की वजह से हम इनसान की बहुत सी कमजोरियों को माफ करते हैं और उसकी तरफ से मायूस नहीं होते। आफतों का सामना करते हुए भी उसने अपनी शान निभाई जिन चीजों की वह कीमत करता रहा है, उनमें अपना विश्वास कायम रखा है।

—हिंदुस्तान की कहानी, पृ. 41

* * *

मुझे इस बात में हमेशा ज्यादा शान और भव्यता जान पड़ी है—कि एक इनसान दिमागी और रूहानी हैसियत से बुलंदी पर पहुँचे और दूसरों को भी उठाने की कोशिश करे, न कि इसमें कि वह किसी बड़ी शक्ति या ईश्वर की तरफ से बोलनेवाला बने। धर्मों के कुछ संस्थापक अद्‌भुत व्यक्ति हो गए हैं—लेकिन अगर उनका खयाल आदमियों की शक्ल में न करूँ तो उनकी सारी शान मेरी नजर में आती रहती है। जिस बात का मुझ पर असर होता है और जिससे मेरे दिल में उम्मीद बँधती है, वह यह है कि आदमी के दिमाग और उसकी रूह ने तरक्की हासिल कर ली है, न कि यह कि वह एक पैगाम लानेवाला एलची बन गया है। *—हिंदुस्तान की कहानी, पृ. 102*

* * *

आदर्श

इनसान भले ही तारों तक पहुँच न पाए, लेकिन उनकी तरफ देखा तो करता ही है। तो सिर्फ इसलिए अपने आदर्शों को नीचे करना ठीक नहीं, कि वे बहुत ऊँचे हैं—भले ही आप उनको पूरा-पूरा हासिल न कर सकें।

— जवाहरलाल नेहरू के भाषण (खंड-1), पृ. 101

* * *

आपको अपने को एकदम साफ करके सामने रखना होगा, नहीं तो आप अपने सपनों की महान् इमारत कैसे बना सकेंगे ? क्या आप मिट्टी की झोंपड़ी की बुनियाद पर महल खड़ा कर सकते हैं, या तिनकों से बढ़िया पुल बना सकते हैं ? अपने आदर्श के संबंध में निश्चित विचार रखकर आप अपने उद्देश्यों की स्पष्टता और कार्य की प्रभावकारिता को प्राप्त कर सकेंगे, और आप भी जो कदम उठाएँगे वह आपको आपके हृदय की इच्छा के नजदीक ले जाएगा। *— जवाहरलाल नेहरू वाङ्मय (खंड-3), पृ. 185*

* * *

किसी उच्चादर्श में कुछ आस्था होना—अपने जीवन को सार्थक करने और हमें बाँधे रखने के लिए आवश्यक है।

— जवाहरलाल नेहरू के भाषण (खंड-3), पृ. 51

❊ ❊ ❊

मैं जिस चीज के बारे में सोचता हूँ, वह केवल हमारी भौतिक प्रगति ही नहीं है। बल्कि वह है—हमारे लोगों के गुण और गहराई। औद्योगिक प्रक्रिया से ताकत हासिल करके, क्या मेरे देशवासी अपने आपको व्यक्तिगत धन-लिप्सा और आरामतलबी में खो बैठेंगे? ऐसा होना एक बहुत बड़ी विपत्ति होगी, क्योंकि वह उन सब आदर्शों को नकारना होगा—जो अतीत में भारत के सामने रहे हैं, और मैं आशा करता हूँ कि वर्तमान काल में भी ऐसा ही हो। *— जवाहरलाल नेहरू के भाषण (खंड-1), पृ. 55*

❊ ❊ ❊

मैं समझता हूँ कि शायद दुनिया में कोई ऐसा हो—और मैं किसी दूसरे देश के लिए असम्मान की बात नहीं करता, जिसके सामने भारत के जैसा ऊँचा आदर्श हो—और साथ ही मैं यह भी कहना चाहूँगा कि शायद ही कोई ऐसा मुल्क हो, जहाँ आदर्श और अमल में इतना बड़ा फर्क हो। *— जवाहरलाल नेहरू के भाषण (खंड-1), पृ. 101*

❊ ❊ ❊

आरामतलबी

इससे ज्यादा खतरनाक बात कोई नहीं है—कि कौम आरामतलबी और खुदगर्जी में पड़ जाए और भूल जाए कि उसके क्या फर्ज हैं, भूल जाए कि क्या उसके उसूल और सिद्धांत हैं, भूल जाए कि क्या-क्या खतरे उसके चारों तरफ हैं, क्योंकि वही असल कमजोरी होती है। बाकी सब कमजोरियाँ उसके सामने कुछ नहीं हैं।

— लालकिले के प्राचीर से (भाग-1), पृ. 33

❊ ❊ ❊

आर्थिक लोकतंत्र

अंतिम लक्ष्य आर्थिक लोकतंत्र है। अंतिम लक्ष्य यह है कि गरीब और अमीर के भेद और उन लोगों का अंतर खत्म हो—जिनमें से कुछ के पास अवसर हैं, और दूसरे जिनके लिए किसी तरह के अवसर नहीं हैं या बहुत थोड़े हैं। इस लक्ष्य के रास्ते की हर रुकावट को हटा देना होगा, भले ही यह काम दोस्ती और सरकार के जरिए हो—और चाहे कानून और सरकार के जोर से।

— जवाहरलाल नेहरू के भाषण (खंड-1), पृ. 108

❊ ❊ ❊

आर्थिक समानता

यदि देश में आर्थिक असमानता रही, तो दुनिया-भर का राजनीतिक लोकतंत्र और वयस्क मताधिकार मिलकर भी सच्चा लोकतंत्र नहीं ला सकते। इसलिए आपका लक्ष्य यह होना चाहिए कि वर्ग-वर्ग के सब तरह के भेदभाव खत्म हों, और अधिक समानता तथा समतायुक्त जीवन बने, और दूसरे शब्दों में कहा जाए तो आर्थिक लोकतंत्र ही आपका लक्ष्य होना चाहिए। हमें इस दृष्टि से सोचना है, कि आखिर में चलकर हमें अपने जीवन को एक प्रगतिशील जीवन के रूप में विकसित करना है। मैं नहीं जानता, शायद यह अभी बहुत दूर का आदर्श है, लेकिन बहरहाल हमें इस बात को ध्यान में जरूर रखना है।

—जवाहरलाल नेहरू के भाषण (भाग-1), पृ. 108

✻ ✻ ✻

आलोचना

एक व्यक्ति तथा राष्ट्र के लिए अच्छी बात है—कि वह हमेशा यह जानने की कोशिश करे कि वह कहाँ गलती पर है, और उसे सुधारे। आलोचना से कभी डरना नहीं चाहिए। मैं आलोचना का स्वागत करता हूँ। मैं उसका उतना स्वागत तब नहीं करता, जबकि उसके पीछे हमारी बदनीयती का संकेत किया जाता है। स्वभावतः इसे कोई भी पसंद नहीं करेगा। *—जवाहरलाल नेहरू के भाषण (खंड-1), पृ. 81*

✻ ✻ ✻

किसी के विचारों की कड़ी आलोचना की जाती है तो उसे हमला नहीं मानना चाहिए। कोई किसी के विचारों की कड़ी आलोचना कर सकता है और फिर भी उसका अच्छा मित्र बना रह सकता है। सार्वजनिक जीवन के स्वस्थ और जनतांत्रिक विकास के लिए यह जरूरी है कि कड़ी और खुली आलोचना हो?

—जवाहरलाल नेहरू वाङ्मय (खंड-7), पृ. 404

✻ ✻ ✻

जो बात आपको समझनी है, वह यह कि हम खुद क्या कर सकते हैं। पड़ोसी की नुक्ताचीनी तो सब कर सकते हैं, लेकिन खुद क्या कर सकते हैं।

—लालकिले के प्राचीर से (भाग-1), पृ. 38

✻ ✻ ✻

यह बड़ा दुर्भाग्यपूर्ण है कि मूर्खतापूर्ण और गलत, सूचनाओं से भरी हुई—व्यक्तिगत प्रकार की आलोचनाएँ की जाएँ, क्योंकि ये लोगों का ध्यान वास्तविक समस्याओं से हटा देती हैं। *—आत्मकथा*

✻ ✻ ✻

हम आलोचना चाहते हैं, आप कहना चाहें तो कह लें कि हम विरोध भी चाहते हैं। मुझे इनकी चिंता नहीं। लेकिन यह अत्यधिक निराशा की भावना मुझे अच्छी नहीं लगती—और भारत के भविष्य के विषय में अशुभ वचनों का प्रयोग मुझे अच्छा नहीं लगता।

—जवाहरलाल नेहरू के भाषण (खंड-1), पृ. 85

❋ ❋ ❋

हर सरकार में जोरदार आलोचना और मुखालफत से नाराज होने की प्रवृत्ति होती है; और जनतंत्र सिर्फ तभी ठीक तौर से काम कर सकता है, जब जनमत लगातार सरकार पर नियंत्रण रखता है और उसे बहुत ज्यादा निरंकुश होने से रोकता है।

—जवाहरलाल नेहरू वाङ्मय (भाग-1), पृ. 390

❋ ❋ ❋

आशावाद

केवल आशावादी होना और वस्तुस्थिति को न देखना मूर्खता है। लेकिन यह उससे कम मूर्खता नहीं कि निराशावादी हुआ जाए, और अपने ऊपर सभी प्रकार की आपत्तियों के आने की कल्पना की जाए।

—जवाहरलाल नेहरू के भाषण (खंड-1), पृ. 85

❋ ❋ ❋

इंजीनियर

जब इंजीनियर आराम से दफ्तर की कुरसी में फँसकर सिर्फ हुक्म जारी करना शुरू कर देता है, तो वह बेकार हो जाता है और अवकाश-प्राप्ति की स्थिति में पहुँच जाता है।

—जवाहरलाल नेहरू के भाषण (खंड-1), पृ. 119-120

❋ ❋ ❋

इतिहास

असली इतिहास में इधर-उधर के कुछ इने-गिने व्यक्तियों का वर्णन नहीं होना चाहिए—जिनसे राष्ट्र बनता है, जो मेहनत करते हैं, और अपने श्रम से जीवन की जरूरतों और सुख-सुविधा की चीजें पैदा करते हैं, और जो हजारों ढंग से एक-दूसरे पर असर डालते हैं।

—विश्व-इतिहास की झलक (भाग-1), पृ. 89

❋ ❋ ❋

इतिहास तो एक सिलसिलेवार मुकम्मिल चीज है, और जब तक तुम्हें यह मालूम न हो कि दुनिया के दूसरे हिस्सों में क्या हुआ—तुम किसी एक देश का इतिहास समझ ही नहीं सकते।

—विश्व-इतिहास की झलक (भाग-1), पृ. 9

❋ ❋ ❋

इतिहास सिर्फ बड़े-बड़े आदमियों, बादशाहों, सम्राटों, या इसी तरह के दूसरे व्यक्तियों के कारनामों का लेखा ही तो नहीं है। अगर ऐसा होता तो इतिहास का काम अभी तक खत्म हो जाना चाहिए था; क्योंकि बादशाह और शहंशाह, दुनिया के रंगमंच पर अब अकड़ते हुए दिखाई नहीं देते।

—विश्व-इतिहास की झलक (भाग-1), पृ. 89

❋ ❋ ❋

ईमानदार/बेईमान

साधारणतः वे लोग, जो ईमानदार नहीं हैं, वे आपस के मतभेदों को जल्दी दूर कर लेते हैं—क्योंकि कोई मजबूत चीज नहीं होती, जिसे कि वे पकड़े रह सकें। उनके साथ कोई लंगर नहीं होता, जो उन्हें स्थिर रखे। वे बस तैरते रहते हैं, और इस तरह घटनाओं के दबाव में समझौता कर लेते हैं। लेकिन ईमानदार लोग, जो अपने मंतव्यों में खूब दृढ़ होते हैं—समझौता नहीं करते, क्योंकि वे समझते हैं कि उनके मत से भिन्न तरीका गलत है।

— जवाहरलाल नेहरू के भाषण (खंड-1), पृ. 66

❋ ❋ ❋

उद्देश्य

अच्छे उद्देश्यों की सिद्धि अच्छे साधनों द्वारा ही संभव है। यदि हम जीवन की महान् बातों की ओर लक्ष्य करते हैं, यदि हम भारत का स्वप्न बड़े राष्ट्र के रूप में देखते हैं—जो कि शांति और स्वतंत्रता का अपना प्राचीन संदेश दूसरों को दे रहा है, तब हमें स्वयं बड़ा बनना है, और भारतमाता की योग्य संतान बनना है।

— जवाहरलाल नेहरू के भाषण (खंड-1), पृ. 5

❋ ❋ ❋

हम बड़े सवालों को अपने सामने रखें और छोटी बातों में न फँसें, क्योंकि अगर हम छोटी बातों में फँसते हैं तो बड़े सवाल छिप जाते हैं। और अगर आप बड़ी बातों को सामने न रखें, तो फिर एक बड़ा सैलाब आकर हमें बहा देता है, जबकि उसके लिए हम तैयार नहीं होते।

—लालकिले के प्राचीर से (भाग-1), पृ. 17

❋ ❋ ❋

हमें अपने राष्ट्रीय ध्येय के संबंध में स्पष्ट हो जाना चाहिए। हमारा ध्येय एक शक्तिशाली, स्वतंत्र और जनसत्तात्मक भारत के निर्माण का है—जहाँ प्रत्येक नागरिक को बराबर का स्थान प्राप्त हो, और विकास तथा सेवा के पूरे अवसर हों, जहाँ आजकल प्रचलित धन और हैसियत की विषमताएँ न रह गई हों, जहाँ हमारी मार्मिक प्रेरणाएँ रचनात्मक और सहकारितापूर्ण उद्योग की तरफ केंद्रित हों। ऐसे भारत में सांप्रदायिकता,

पार्थक्य, अलहदगी, अस्पृश्यता, कट्टरता, और मनुष्य द्वारा मनुष्य से अनुचित लाभ उठाने के लिए कोई स्थान नहीं है; और यद्यपि धर्म के लिए स्वतंत्रता है, फिर भी उसे राष्ट्रीय जीवन के राजनीतिक और आर्थिक पहलुओं में हस्तक्षेप न करने दिया जाएगा। यदि ऐसा है तो जहाँ तक हमारे राजनीतिक जीवन का संबंध है, यह सब हिंदू और मुसलमान, और ईसाई तथा सिख के टंटे दूर होने चाहिए, और हमें एक संयुक्त यानी मिला-जुला राष्ट्र बनाना चाहिए—जहाँ व्यक्तिगत तथा राष्ट्रीय दोनों प्रकार की स्वतंत्रताएँ सुरक्षित हों।

—नेहरू और नई पीढ़ी : हरिदत्त शर्मा, पृ. 79-80

❋ ❋ ❋

उपदेशक

मेरा अपना यह अनुभव है कि जो बहुत अधिक उपदेश देता है, वह लोगों की नजर में गिर जाता है। इस तरह की बातों से लोग चिढ़ जाते हैं, और इस तरह की सलाह या उपदेश से दूसरों का भला नहीं होता—जैसा कि सलाह देनेवाला समझता है।

—जवाहरलाल नेहरू के भाषण (खंड-1), पृ. 99

❋ ❋ ❋

उपनिषद्

उपनिषद् छानबीन की, मानसिक साहस की, सत्य की खोज के उत्साह की भावना से भरपूर हैं। यह सही है कि यह सत्य की खोज मौजूदा जमाने के विज्ञान के प्रयोग के तरीकों से नहीं हुई; फिर भी जो तरीका अख्तियार किया गया है, उसमें वैज्ञानिक तरीके का एक अंश है। हठवाद को दूर कर दिया गया है।

—हिंदुस्तान की कहानी, पृ. 117

❋ ❋ ❋

उपनिषदों की सबसे बड़ी विशेषता यह है कि इनमें सच्चाई पर बड़ा जोर दिया गया है। 'सच्चाई की सदा जीत होती है, झूठ की नहीं—सच्चाई के रास्ते से ही हम परमात्मा तक पहुँच सकते हैं।' और उपनिषदों में आई हुई यह प्रार्थना मशहूर है—'असत से मुझे सत की तरफ ले चल! अंधकार से मुझे प्रकाश की तरफ ले चल! मृत्यु से मुझे अमरत्व की तरफ ले चल!'

—हिंदुस्तान की कहानी, पृ. 119

❋ ❋ ❋

कारगर तरक्की हासिल करने के लिए उपनिषदों में तन की चुस्ती और मन की पवित्रता, और तन-मन दोनों के संयम पर बराबर जोर दिया गया है। चाहे ज्ञान सीखना हो, चाहे दूसरी ही कामयाबी हासिल करना हो—संयम, तप और कुरबानी जरूरी होती

है। किसी–न–किसी तरह की तपस्या का खयाल हिंदुस्तानी विचारधारा का एक अंग है; और ऐसा खयाल न सिर्फ चोटी के विचारकों के यहाँ है, बल्कि साधारण अनपढ़ जनता में फैला हुआ है। हजार बरस पहले यह बात रही है, और आज भी यह बात है; और अगर गांधीजी की रहनुमाई में हिंदुस्तान को हिला देने वाले जनता के आंदोलनों के पीछे जो मनोवृत्ति काम करती है, उसे हम समझना चाहते हैं—तो जरूरी है कि हम इस खयाल को समझ लें।

—हिंदुस्तान की कहानी, पृ. 122–123

* * *

जिन सवालों पर उपनिषदों में विचार किया गया है, उनके आधिभौतिक पहलुओं को समझना मेरे लिए कठिन है; लेकिन इन सवालों पर गौर करने का जो ढंग है, उसने मुझ पर असर डाला है—क्योंकि यह हठवाद या अंधविश्वास का ढंग नहीं है, यह ढंग मजहबी न होकर फिलसफियाना है। खयालों के कसबल को, जाँच की भावना को, और दलील की पृष्ठभूमि को मैं पसंद करता हूँ। बयान के ढंग में कसाव है। यह अकसर गुरु और शिष्य के बीच सवाल–जवाब के रूप में मिलता है, और यह अनुमान किया गया है कि उपनिषद् व्याख्यानों की तरह एक याददाश्त हैं—जिन्हें गुरु ने तैयार किया है या शिष्यों ने टाँक लिया है।

—हिंदुस्तान की कहानी, पृ. 118

* * *

एकता

आज इस बात की जरूरत है कि हम लोगों को समझें, वे हमें समझें, और इस तरह प्यार और सद्भाव का एक बंधन हो जाए। आजादी मिलने के बाद भारत की एक मूल समस्या एकता और दृढ़ता की है। राजनीतिक एकीकरण तो पूरा हो गया है, लेकिन वह काफी नहीं है। आज भारत की जो सबसे बड़ी समस्या है, वह उतनी राजनीतिक नहीं, जितनी मनोवैज्ञानिक रूप से एकता और दृढ़ता की है। भारत को अपने लिए ऐसी एकता की जरूरत है, जो प्रांतवाद और संप्रदायवाद और अन्य वादों की आवश्यकता ही समाप्त कर दें; क्योंकि ये वाद लोगों को तोड़ते और अलहदा करते हैं।

—जवाहरलाल नेहरू के भाषण (खंड-1), पृ. 39

* * *

हम अकसर पूर्णतया फिरकापरस्ती, धर्म और जाति के मामले में गलत रास्ते पर चले जाते हैं। देश की एकता के बारे में हममें भावनात्मक जागृति नहीं है।

—जवाहरलाल नेहरू के भाषण (खंड-1), पृ. 110

* * *

हमारी फौज में हमारे देश के हर प्रांत के, हर सूबे के रहने वाले हैं, हमारी नेवी में, एयर-फोर्स में हर प्रांत के लोग हैं, हर धर्म-मजहब के लोग हैं। सब मिलकर हिम्मत से, बहादुरी से काम करते हैं, आपस में झगड़ा नहीं करते। हमारी फौज हिंदुस्तान की एकता का, इत्तहाद का नमूना है। हमें इस तरह की एकता और फौजीपन सारे करोड़ों आदमियों में पैदा करना है।

—लालकिले के प्राचीर से (भाग 1), पृ. 51

❋ ❋ ❋

औद्योगीकरण

औद्योगीकरण का मतलब है—धन और मुल्क की बैंकिंग प्रणाली पर नियंत्रण। अगर सामान्य जनता को फायदा पहुँचाना है, तो वैज्ञानिक तरीके से औद्योगीकरण किया जाना चाहिए। इस मकसद को हासिल करने के लिए माली तरीके को बदलना पड़ेगा। उसमें मुनाफे की प्रेरणा नहीं होनी चाहिए। यह देखना हुकूमत करनेवालों का कर्तव्य है कि जो माल तैयार होता है—उसे खरीदने के लिए लोगों के पास पैसा हो। जब तक ऐसा नहीं होता, दुनिया की मौजूदा हालत में सुधार नहीं होगा। समाजवाद इसी को सुलझाने का तरीका है। कोई इसे पसंद करे या न करे, इससे छुटकारा नहीं है। वह आकर रहेगा।

—जवाहरलाल नेहरू वाङ्मय (खंड-7), पृ.325

❋ ❋ ❋

कुछ लोगों का कहना है कि उद्योगों को भूलकर हम खेती की बात करते रहते हैं। मैं उद्योगों के विकास को सबसे अधिक महत्त्व देता हूँ, लेकिन मुझे शक है कि अपनी खेती-बाड़ी की बुनियाद पक्की किए बिना हम किस तरह वास्तविक औद्योगिक विकास कर सकते हैं। *—जवाहरलाल नेहरू के भाषण (खंड-1), पृ. 226*

❋ ❋ ❋

मुझे इसमें जरा भी संदेह नहीं कि हम देश में बड़े-बड़े उद्योगों के विकास के बिना लोगों का जीवन-स्तर ऊँचा नहीं उठा सकते। बल्कि मैं और आगे बढ़कर यहाँ तक कहना चाहूँगा—कि उसके बिना हम आजाद भी नहीं रह सकते।

—जवाहरलाल नेहरू के भाषण (खंड-1), पृ. 107

❋ ❋ ❋

मुझे बड़ी या छोटी मशीनों पर आपत्ति नहीं है, और मेरा खयाल है कि अगर ठीक से उनका इस्तेमाल किया जाए, तो उन्हें आदमी की सेवा करने वाला बनाया जा सकता है, न कि उस पर हुकूमत करनेवाला।

—जवाहरलाल नेहरू वाङ्मय (खंड-3), पृ. 223

❋ ❋ ❋

मैं औद्योगिकीकरण और बड़ी मशीनों पर यकीन करता हूँ, और मैं सारे हिंदुस्तान में फैक्टरियाँ खुल जाना पसंद करूँगा। मैं हिंदुस्तान की दौलत और हिंदुस्तान के बाशिंदों के रहन-सहन को ऊँचा उठाना चाहता हूँ, और मुझे लगता है कि ऐसा करने का सिर्फ यह तरीका है कि उद्योग में साइंस का इस्तेमाल किया जाए, ताकि बड़े पैमाने पर औद्योगिकीकरण हो। मेरी निजी ख्वाहिशों के अलावा, मेरा खयाल है कि मौजूदा हालात में यह लाजमी नतीजा है—कि मुल्क में तेजी के साथ कारखाने बढ़ेंगे, लेकिन फिर भी मैं हिंदुस्तान के मौजूदा हालात में, हाथ की कताई और खद्दर की ताईद करता हूँ। *—जवाहरलाल नेहरू वाङ्मय (खंड-6), पृ. 25*

* * *

हमें हमेशा समझना चाहिए कि इस देश में करोड़ों लोगों की समस्या भी अकेले भारी उद्योगों से हल नहीं हो सकती। हमें घरेलू और ग्रामीण उद्योग बहुत बड़े पैमाने पर विकसित करने होंगे; लेकिन साथ ही इस बात का भी बराबर खयाल रखना होगा—कि बड़े और छोटे उद्योग बढ़ाते हुए हम इनसान को न भूल जाएँ। हम सिर्फ अधिक दौलत या अधिक उत्पादन ही नहीं चाहते, आखिरकार हम बेहतर इनसान भी चाहते हैं।

—जवाहरलाल नेहरू के भाषण (खंड-1), पृ. 107

* * *

कथनी-करनी

किसी भी व्यक्ति को उस समय सबसे अधिक संतोष होता है, जब उसकी कथनी और करनी एकाकार हो जाती है। उस समय उसका एक सुगठित व्यक्तित्व होता है, और वह असंदिग्ध भाव से, शक्ति और बल के साथ काम करता है।

—नेहरू और नई पीढ़ी : हरिदत्त शर्मा, पृ. 112

* * *

कर्तव्य

अगर आप बड़े देश के बड़े नागरिक हैं, तो आपको और हमको भी बड़े दिल का और बड़े दिमाग का होना है। छोटे आदमी बड़े काम नहीं करते, छोटे आदमी बड़े सवालों को हल नहीं कर सकते, न हम शोर-गुल मचाकर हल कर सकते हैं, न नारों से, न शिकायतों से, न एतराज से, न दूसरों को भला-बुरा कहने से। अगर हम एक-एक आदमी और औरत अपना कर्तव्य पूरा करें, अपना फर्ज अदा करें, तो फिर हमारे लिए भला है और देश के लिए भला है। अगर हर एक आदमी समझे कि कुछ करना दूसरे का काम है, और हमारा काम खाली देखना है—तब यह देश चल नहीं सकता। हर एक को अपना काम करना है। *—लालकिले के प्राचीर से (भाग-1), पृ. 15*

* * *

कला

कला किसी भी समय की सभ्यता और जिंदगी का विश्वसनीय दर्पण है। जब भारतीय सभ्यता जीवित थी, इसने सौंदर्यपूर्ण वस्तुओं का निर्माण किया और कला विकसित हुई, तथा इसकी ध्वनि सुदूर देशों तक पहुँची।

—विश्व इतिहास की झलक

* * *

भीड़ की सतही कार्यवाहियों की अपेक्षा, कला और साहित्य राष्ट्र की आत्मा को महान् अंतर्दृष्टि प्रदान करते हैं। वे हमें शांति और निरभ्र विचारों के राज्य में ले जाते हैं, जो क्षणिक भावनाओं और पूर्वाग्रह से प्रभावित नहीं होते।—*विश्व इतिहास की झलक*

* * *

कलाएँ

हमारे धर्म, कला, संगीत और दर्शन की उच्चता के बारे में बहुत कुछ कहा जाता है। लेकिन आज वे क्या हैं? धर्म रसोईघर की चीज बन गया है—कि आप क्या खा सकते हैं और क्या नहीं खा सकते; किसको आप छू सकते हैं, किसको नहीं छू सकते; और किसको देख सकते हैं, किसको नहीं देख सकते।

हमारा संगीत क्या है? हमारा राष्ट्रीय संगीत नरक का हो-हल्ला और तकलीफदेह शोर, जो हमारी सड़कों पर एक तरह की बदतमीजी है। यह भी कभी-कभी सांप्रदायिक शक्ल अख्तियार कर लेता है और अकसर दुःखद त्रासदी बन जाता है। हमारी कला क्या है? हमारे मुल्क के बाशिंदों के घरों में खूबसूरती की क्या चीज है? हमारे अपने घरों में भी क्या है? हिंदुस्तान का राष्ट्रीय साहित्य क्या है? जहाँ तक मैं जानता हूँ—हिंदी और उर्दू के आधुनिक साहित्य के नाम पर जो चलता है, वह गँदला है और भावुकता से भरा है।

— जवाहरलाल नेहरू वाङ्मय (खंड-3), पृ. 180

* * *

कश्मीर-समस्या

कश्मीर के भाग्य का अंतिम निर्णय वहाँ के लोगों के हाथ रहेगा। हमने यह प्रतिज्ञा न केवल कश्मीर के लोगों से, बल्कि सारे संसार में कर रखी है, और महाराजा ने इसका समर्थन किया है। हम इससे पीछे न हटेंगे और न हट सकते हैं। हम इसके लिए तैयार हैं कि जब कश्मीर में शांति और व्यवस्था और कानून स्थापित हो जाए, तो संयुक्त राष्ट्र जैसे अंतरराष्ट्रीय निरीक्षण में जनमत लिया जाए। हम चाहते हैं कि जनता को न्याय और उचित ढंग से मत देने का अवसर मिले, और हम उसके निर्णय को स्वीकार करेंगे। इससे अधिक न्यायपूर्ण और उचित प्रस्ताव की मैं कल्पना नहीं कर सकता।

— जवाहरलाल नेहरू के भाषण (खंड-1), पृ. 16

* * *

कष्ट

अपनी तकलीफों को और मुसीबतों को सहना काफी आसान है। इससे हर एक को फायदा होता है, वरना हम लोग बहुत नाजुक बन जाएँ। लेकिन दूसरे लोगों की, जो हमें प्रिय हैं—मुसीबतों के बारे में सोचना कोई बहुत आसान या तसल्ली देनेवाली बात नहीं है।

—विश्व इतिहास की झलक (भाग-1), पृ. 19

❋ ❋ ❋

काम

काम का अंदाजा यह है कि इस मुल्क में ऐसे कितने लोग हैं—जिनकी आँखों में आँसू बहते हैं उनमें से कितने आँसू हमने पोंछे, कितने आँसू हमने कम किए। वह अंदाजा है इस मुल्क की तरक्की का, न कि इमारतें जो हम बनाएँ, या कोई शानदार बात जो हम करें।

—लालकिले के प्राचीर से (भाग-1), पृ. 46

❋ ❋ ❋

किसी आदमी को मिलनेवाली तनख्वाह से, या उसके पद से जुड़े हुए पद-नाम से उसकी लियाकत आँकना एक गलत तरीका है। इस तरह के भाव मुझे अच्छे नहीं लगते और आप जानते ही हैं कि मैं अपने बुढ़ापे में ही प्रशासन में आया हूँ। आदमी की कीमत जाँचने के लिए मैंने जो कोई भी तरीका सीखा, उसकी तनख्वाह, उसकी पोशाक या उसके मकान से कोई संबंध नहीं रखा। मैंने अपनी सारी जिंदगी लोगों को बिलकुल दूसरी ही निगाह से मापा है, और मैं अभी भी उसी तरीके में विश्वास रखता हूँ। यह मुमकिन है कि मैं एक चपरासी को उसी के अपने अफसर से ज्यादा गौरव और आदर दूँ, और इसमें मुझे कोई गलती नहीं दिखाई देती। निश्चय ही इज्जत या आदर काम के लिए होता है, आदमी को मिलनेवाली तनख्वाह के लिए नहीं।

—जवाहरलाल नेहरू के भाषण (खंड-1), पृ. 119

❋ ❋ ❋

जिस काम को हम करते हैं, अगर वह अच्छा है और मजबूत है—तो वह काम चलता जाएगा, वह काम कायम रहेगा चाहे हम रहें या न रहें। हमारा देश भी कायम रहेगा और चलता जाएगा, चाहे कितने ही लोग आएँ और कितने ही जाएँ।

—लालकिले के प्राचीर से (भाग-1), पृ. 13

❋ ❋ ❋

कायरता

डर और कायरता सबसे बड़े गुनाह हैं, जिनकी, बदकिस्मती से, हमारे मुल्कमें कमी नहीं। गुस्सा और नफरत, अंदर जो डर और कायरता है, दरअसल उसी के नतीजे हैं। इस डर और कायरता से अगर हम बरी हो जाएँ, तो फिर इसमें नफरत की भावना बहुत कम रह जाएगी और आगे बढ़ने के रास्तों में और कोई रुकावट भी नहीं रहेगी। इसलिए इस कायरता को हमें बुनियाद से खत्म कर देना चाहिए, और किसी तरह का ठिकाना उसे नहीं देना चाहिए। इससे भी बड़ी बात यह है, कि जैसा बदकिस्मती से अकसर होता है, अहिंसा के बाने में छिपे तौर पर इसे हरगिज नहीं पनपने देना चाहिए।

—जवाहरलाल नेहरू वाङ्मय (खंड-1), पृ. 195-196

* * *

किसान

सबसे बड़ी बात यह है, कि कोशिश होनी चाहिए कि किसानों के वास्तविक संगठन बनें और महज शहर के कुछ लोगों के साथ रहकर कागजी तमाशा न हो। किसानों के बीच वास्तविक काम तभी हो सकता है, जबकि देहाती क्षेत्रों में—जहाँ एक योग्य आदमी जाकर रहे और काम करे—काम के केंद्र खुलें। यह आदमी एक किसान-सभा का संगठन कर सकता है, देहाती स्कूल-मास्टर का काम कर सकता है, सहकारी प्रवृत्तियों में कुछ मदद दे सकता है, झगड़े निबटाने के वास्ते पंचायत-पद्धति को बढ़ावा देने के लिए कोशिश कर सकता है, और दूसरे बहुत तरह से उपयोगी सिद्ध हो सकता है। एक छोटा-सा पुस्तकालय—जिसमें कुछ अखबार आते हों, और एक ऐसा कमरा—जिसमें गाँव के लोग आकर बैठ सकें, बहुत ही मुनासिब होगा।

— जवाहरलाल नेहरू वाङ्मय (खंड-3), पृ. 24

* * *

क्रांति

क्रांतियाँ बुड्ढे आदमियों से नहीं हुआ करतीं।

—विश्व-इतिहास की झलक (भाग-1), पृ. 522

* * *

सच्ची क्रांति से पैदा होनेवाली शक्ति हमेशा बहुत जोरदार होती है।

—विश्व-इतिहास की झलक (भाग-1), पृ. 522

* * *

हम क्रांति की बात करते हैं, पर हमारा विश्वास यही रहता है कि क्रांति सिर्फ वह प्रतिक्रिया है, जिसमें आप एक-दूसरे का सिर तोड़ सकते हैं। इसे क्रांति नहीं कहते। अब

आप इसे अच्छा कहें या बुरा, क्रांति वह चीज है, जो वर्तमान जीवन की आर्थिक-राजनीतिक रचना को आमूल बदल देती है।

—जवाहरलाल नेहरू के भाषण (खंड-1), पृ. 109

* * *

क्रिया-प्रतिक्रिया

मुझे इसमें जरा सी संदेह नहीं, कि यह मानव-जीवन का एक मूल सिद्धांत है कि यदि क्रिया अच्छी होगी—तो उसकी प्रतिक्रिया भी अच्छी होगी। अगर अपनी ओर से बुराई की गई है, तो उसकी प्रतिक्रिया भी बुरी ही होगी, और अगर हम अपने साथी मनुष्यों या देशों के साथ मित्र-भाव से काम लेंगे, और दिल और दिमाग खोलकर हर अच्छाई को स्वीकार करने को तैयार रहेंगे—तो न केवल हम दूसरे को समझ पाएँगे, बल्कि उसके बारे में सही प्रकार से समझ पाएँगे।

—जवाहरलाल नेहरू के भाषण (खंड-1), पृ. 35

* * *

क्रोध

लाल-लाल आँखों से देखने से कोई अच्छी चीज नहीं होती। इससे न विचार साफ हो सकते हैं, और न हमारे कर्म।

—जवाहरलाल नेहरू के भाषण (खंड-1), पृ. 202

* * *

खादी

सिर्फ खादी विदेशी माल को निकाल बाहर करने में कामयाब हो सकती है। फिर भी महात्मा गांधी कारखानेदारों से समझौता करने को तैयार थे, लेकिन जरूरी था कि कारखानेदार बहुत ज्यादा लालच करना छोड़ दें। महात्माजी चाहते थे कि मिलों के मालिक वादा करें—कि वे अपने तैयार किए कपड़े का दाम बेहिसाब नहीं बढ़ाएँगे, और उन्हें अपने मजूदरों की मुनासिब माँगों को भी पूरा करना पड़ेगा। अगर महात्माजी और मिल-मालिकों के बीच समझौता नहीं हुआ, तो हमारा सीधा फर्ज होगा कि मिल के कपड़े का बहिष्कार करें, और सिर्फ खादी पहनें।

—जवाहरलाल नेहरू वाङ्मय (खंड-3), पृ. 157

* * *

गणेशशंकर विद्यार्थी

श्री गणेशशंकर विद्यार्थी हमारे मुल्क के एक सच्चे अलंकार थे। कानपुर के शर्मनाक सांप्रदायिक दंगे में ऐसे प्यारे और उत्साही सार्वजनिक कार्यकर्ता की मौत हम सबके लिए गहरे अफसोस की बात है; लेकिन जिस अनोखी हिम्मत के साथ उन्होंने मौत को गले

लगाया, उसने हमारे मुल्क की ऊँचाई बढ़ा दी है। हिंदू-मुसलिम एकता के सवाल पर हमारे देश ने जो कुरबानी दी हैं उसमें यह सबसे ऊँची है, और हमारे सामने यह एक नया आदर्श पेश करती है। गणेशशंकर की जिंदगी और मौत, हमारे देशवासियों के लिए हमेशा एक कीमती यादगार रहेगी, ताकि वे नाउम्मीदी और अँधेरे के बीच सही राह पर रह सकें। गणेशशंकर जलकर राख हो गए हैं, लेकिन उनके एहसानमंद देशवासी उनकी याद को हरा बनाए रखेंगे। उनकी मौत ने हम पर कुछ फर्ज डाल दिए हैं, जिन्हें तुरंत पूरा किया जाना चाहिए। उनकी जो जिम्मेदारियाँ थीं, उनका कुछ हिस्सा हमें भी उठाना चाहिए; और तब हमें अपने एहसानमंद प्यार को ऐसी शक्ल देनी चाहिए, जो उनकी याद बनाए रखे और उनकी आत्मा को प्यारी हो। *— जवाहरलाल नेहरू वाङ्मय (खंड-5), पृ. 274*

❋ ❋ ❋

गतिशीलता

भारत तकनीकी दृष्टि से पिछड़ा हुआ है, इसलिए हम लोग अपनी बड़ी-बड़ी समस्याओं पर ठहरे हुए ढंग से विचार करते हैं। यह भूल जाते हैं कि हमारे पैरों के तले की जमीन बराबर बदल और खिसक रही है। अगर हम इसके साथ नहीं बदलेंगे तो या तो गिर पड़ेंगे, या पीछे रह जाएँगे।

— जवाहरलाल नेहरू के भाषण (खंड-1), पृ. 109

❋ ❋ ❋

गरीबी

एक लड़ाई हमें लड़नी है और उसको हम सब मिलकर और दिल लगाकर लड़ेंगे—और वह लड़ाई है हिंदुस्तान की गरीबी से। गरीबी को यहाँ से जड़ से निकालना है। यह लंबी लड़ाई है। काफी मेहनत करनी है। उसमें काफी पसीना बहेगा, लेकिन वह एक माकूल चीज है—जिससे कि हम हिंदुस्तान के करोड़ों आदमियों को ऊँचा करें। यह बड़ा काम है और हमारी असली मंजिल है। और जब तक हम वहाँ पहुँचते नहीं, उस वक्त तक हमें आगे बढ़ते जाना है।

— लालकिले के प्राचीर से (भाग-1), पृ. 58

❋ ❋ ❋

हम अधिकांश लोगों की गरीबी को छिपा नहीं सकते। इस गरीबी को ज्यादा उत्पादन, अधिक समान वितरण, बेहतर शिक्षा और बेहतर स्वास्थ्य के जरिए हटाना है, और यही हमारे सामने आज सबसे बड़ी जरूरत और सबसे बड़ा काम है।

— जवाहरलाल नेहरू के भाषण (खंड-1), पृ. 196

❋ ❋ ❋

गलत बात

गलत बात को करके कोई अच्छा फल हासिल नहीं करता। यह एक बुनियादी बात है, जिसको अगर हम भूलें तो हमारा सारा काम बिगड़ जाएगा।

—लालकिले के प्राचीर से (भाग-1), पृ. 52

❊ ❊ ❊

गांधीजी

उपवास के अरसे में मैं ज्यों-ज्यों जज्बाती उथल-पुथल देख रहा था, मैं ज्यादा-से-ज्यादा चक्कर में पड़ता जा रहा था कि सियासत में क्या यह सही तरीका है। यह फकत एक धार्मिक पुनर्जागरणवाद है, और इसके मुकाबले साफ सोच-विचार की कोई गुंजाइश नहीं है। तमाम हिंदुस्तान, या इसका ज्यादातर हिस्सा, आदर के साथ महात्मा की ओर टकटकी लगाए हुए है, और उम्मीद करता है कि वे अजूबे-पर-अजूबा करते चले जाएँगे, और छुआछूत मिटा देंगे, और स्वराज वगैरह हासिल कर लेंगे—और खुद वह कुछ नहीं करता। और बापू पवित्रता और त्याग की बातें करते चले जाते हैं। मुझे लगता है कि अपने जज्बाती लगाव के बावजूद मैं उनसे दिनोदिन दूर हटता जा रहा हूँ। उनका हर बात में ईश्वर का हवाला देना, मुझे बेहद चिड़चिड़ा बना देता है। कभी भूल न करनेवाली एक सहज प्रेरणा उनके हर राजनीतिक काम की रहबरी करती है, लेकिन वे दूसरों को सोचने के लिए बढ़ावा नहीं देते। यहाँ तक कि खुद उन्होंने—क्या उन्होंने सोचा है कि मंजिल क्या है, आदर्श क्या होना चाहिए? बहुत करके नहीं सोचा! ऐसा लगता है कि अगले कदम ने उन्हें खींच लिया है। *— जवाहरलाल नेहरू वाड्मय (खंड-5), पृ. 466-467*

❊ ❊ ❊

गांधीजी कोई तानाशाह नहीं थे। वह चाहते तो किसी पर भी अपनी मरजी थोप सकते थे। लेकिन जब उन्होंने ऐसा किया भी, तो भी प्यार और स्नेह के साथ—और उस आदर व सम्मान के साथ, जो उनके और उनकी बुद्धिमत्ता के लिए हमारे दिल में था। अकसर हम उनके साथ बहस करते, लड़ते-झगड़ते, और कभी-कभी अपने दृष्टिकोण से उनको सहमत भी करा लेते थे। *— जवाहरलाल नेहरू के भाषण (खंड-1), पृ. 49*

❊ ❊ ❊

ज्यों-ज्यों मैं उनके (लेनिन)तर्कवाद की ओर खिचता जाता हूँ, त्यों-ही-त्यों मुझे बापू और अपने बीच की खाई का एहसास होता है, और शक होने लगता है कि किसी मुल्क को तैयार करने के लिए विश्वास का यह तरीका सही है? थोड़े वक्त के लिए इससे फायदा हो सकता है, लेकिन लंबे अरसे में?

— जवाहरलाल नेहरू वाड्मय (खंड-5), पृ. 467

❊ ❊ ❊

मैंने कहा कि प्रकाश जाता रहा—लेकिन मैंने गलत कहा, क्योंकि वह प्रकाश, जिसने कि इस देश को आलोकित किया, कोई साधारण प्रकाश नहीं था। जिस प्रकाश ने देश को इन अनेकों वर्षों में आलोकित किया है, वह आनेवाले अनेक वर्षों तक इस देश में दिखाई देगा, और दुनिया इसे देखेगी और वह अनगिनत दृश्यों को शांति देगा। क्योंकि वह प्रकाश तात्कालिक वर्तमान से कुछ अधिक का प्रतीक था—वह जीवित और शाश्वत सत्यों का प्रतीक था, और हमें ठीक मार्ग का स्मरण दिलाते हुए तथा इस प्राचीन देश को भूलों से बचाते हुए स्वतंत्रता की ओर ले जाने वाला था।

—जवाहरलाल नेहरू के भाषण (खंड-1), पृ. 240

❊ ❊ ❊

गांधी-विचारधारा

हम लोग राजनीतिक दृष्टि से गांधीजी के सिद्धांतों के बीच जन्मे और पले हैं; यद्यपि हमने गांधीजी के विचारों को न तो अहिंसा के विषय में, न अर्थशास्त्र के विषय में पूरी तरह ग्रहण किया है। फिर भी हमने उनमें से बहुतों को ग्रहण किया, जो हमारे देश के लिए उपयुक्त थे—और हो सकता है, संसार के लिए भी कुछ हद तक उपयुक्त हों।

—जवाहरलाल नेहरू के भाषण (खंड-1), पृ. 85

❊ ❊ ❊

गीता

गीता का संदेश सांप्रदायिक या किसी एक खास विचार के लोगों के लिए नहीं है। क्या ब्राह्मण और क्या अजात, यह सभी के लिए है। यह कहा गया है कि 'सभी रास्ते मुझ तक पहुँचाते हैं।' इसी व्यापकता की वजह से सभी वर्ग और संप्रदाय के लोगों को गीता मान्य हुई है। इसमें कोई बात ऐसी है कि हमेशा नयापन पैदा किया जा सकता है, और जमाना गुजरने के साथ पुरानी पड़ने से इसे रोकना है—यह जिज्ञासा और जाँच-पड़ताल का, विचार और कर्म का—और बावजूद संघर्ष और विरोध के, समतोल कायम रखने का कोई खास गुण है। विषमता के बीच में भी हम उसमें एकता और संतुलन पाते हैं, और बदलती हुई परिस्थिति पर विजय पाने का रुख, और यह इस तरह नहीं कि जो कुछ सामने है—उससे मुँह मोड़ा जाए, बल्कि इस तरह कि उसमें अपने काम के लिए जगह बनाई जाए।

—हिंदुस्तान की कहानी, पृ. 144-145

❊ ❊ ❊

संकट के वक्त—जब आदमी का दिमाग संदेह से सताया हुआ होता है, और अपने फर्ज के बारे में उसे दुविधा दो तरफ खींचती होती है, वह रोशनी और रहनुमाई के लिए

गीता की ओर भी झुकता है; क्योंकि यह संकट काल के लिए लिखी गई कविता है—राजनीतिक और सामाजिक संकटों के अवसर के लिए, और उससे भी ज्यादा इनसान की आत्मा के संकट काल के लिए।

—हिंदुस्तान की कहानी, पृ. 143

❋ ❋ ❋

गुलाम मुल्क

जब कोई मुल्क विदेशी हुकूमत में रहता है, तो वह अपनी मौजूदा हालत के खयाल से बचने के लिए, गुजरे हुए जमाने के सपनों से अपने को बहलाता है, और उसे अपनी पुरानी बड़ाई की कल्पना से शांति मिलती है। यह एक बेवकूफी का और खतरनाक दिल-बहलाव है, जिसमें हममें से ज्यादातर लोग रहते हैं। इतनी ही काबिले-ऐतराज आदत हम लोगों की हिंदुस्तान में यह है, कि हम खयाल करते हैं कि अगर वे दुनियाबी बातों में हम पस्ती पर पहुँच चुके हैं, रूहानी तौर पर हम अब भी बड़े हैं। आजादी और तरक्की के मौकों को खोकर, और फाकाकशी और दुःख की नींव पर हम रूहानी या किसी तरह की इमारत नहीं खड़ी कर सकते। बहुत से पश्चिमी मुल्कों के लिखनेवालों ने इस खयाल को बढ़ावा दिया है कि हिंदुस्तान के लोग गैर-दुनियाबी हैं। मैं समझता हूँ कि सभी मुल्कों में गरीब और बदकिस्मत लोग गैर-दुनियाबी होते हैं—यह दूसरी बात है कि वे बगावती बन बैठें—क्योंकि यह दुनिया उनके लिए नहीं है। यही हालत गुलाम मुल्क के लोगों की होती है। *—हिंदुस्तान की कहानी, पृ. 106*

❋ ❋ ❋

गुलामी

अब वक्त आ गया है, जब लोगों को दूसरों के पैर छूना बंद कर देना चाहिए। मुझे यह गुलामी का एक निशान जान पड़ता है। अगर हम आजाद इनसान होना चाहते हैं, तो हमें आजाद आदमियों की तरह सलूक करना चाहिए, और दूसरों के पैर छूना या हमेशा झुके नहीं रहना चाहिए।

—जवाहरलाल नेहरू वाङ्मय (खंड-7), पृ. 460

❋ ❋ ❋

घृणा और हिंसा

युद्धों ने सिखाया है कि घृणा और हिंसा से आप शांति का निर्णय नहीं कर सकते। ये परस्पर विरोधी बातें हैं। इतिहास के लंबे दौर की, और विशेषकर पिछले दो महायुद्धों की जिन्होंने कि मानवता का भीषण संहार किया, यह शिक्षा रही है कि घृणा हिंसा को ही जन्म देती है। *—जवाहरलाल नेहरू के भाषण (खंड-1), पृ. 171*

❋ ❋ ❋

चिंतन

हम लोग भौतिक घटनाओं को एक नपे-तुले ढंग से सोचने और उनकी व्याख्या करने के इतने आदी हो गए हैं—कि हमारे दिमागों के लिए यह सब समझ सकना मुश्किल है। लेकिन यह बड़ी मार्के की बात है कि बुद्ध का यह लिफाफा हमें आजकल के भौतिक-विज्ञान की धाराओं और दार्शनिक विचारों के इतना निकट ले आता है। —*हिंदुस्तान की कहानी, पृ. 171*

❊ ❊ ❊

चुनाव

जन-सत्तावाली या जमहूरी हुकूमत के लिए चुनाव जरूरी और लाजिमी होता है, इसलिए इससे बचत नहीं हो सकती। फिर भी चुनाव बहुत अकसर इनसान के बुरे पहलू को सामने लाते हैं, और यह बात नहीं कि हमेशा ज्यादा अच्छे उम्मीदवार की ही जीत होती हो। संवेदनशील लोग—और वे लोग, जो अपने को आगे बढ़ाने के लिए बहुत-से चालू हथकंडे अख्तियार नहीं कर सकते—घाटे में रहते हैं—इसलिए वे इस झगड़े से बचना चाहते हैं। तो क्या प्रजा-सत्ता या जमहूरियत उन्हीं का मैदान है, जिनकी जिल्दें मोटी और आवाजें ऊँची होती हैं, और जिनका ईमान लचीला होता है?

—*हिंदुस्तान की कहानी पृ. 82-83*

❊ ❊ ❊

यह एक गलत धारणा है कि भारत की सेवा विधानमंडलों में जाने से ही की जाती है। इसमें शक नहीं कि विधानमंडलों में जाकर भी लोग भारत की सेवा कर सकते हैं, लेकिन बाहर रहकर और बहुत-कुछ कर सकते हैं। चुनाव बार-बार आएँगे, और उनके बारे में बहुत अधिक उत्तेजित होना ठीक नहीं है। बड़ी शांति से हम उनका सामना करें—और उन्हें स्वाभाविक ढंग से ग्रहण करें।

—*जवाहरलाल नेहरू के भाषण (प्रथम भाग), पृ. 275*

❊ ❊ ❊

सही तरीके से हारना, गलत तरीके से जीतने से कहीं अच्छा है। सच तो यह है कि अगर गलत तरीकों और अनुचित हथकंडों से सफलता मिले भी, तो उस सफलता का मूल्य खत्म हो जाता है।

—*जवाहरलाल नेहरू के भाषण (खंड-1), पृ. 274*

❊ ❊ ❊

चोरबाजारी

हमारे मुल्क में काफी लोग ऐसे हैं, जो अब तक दूसरे की मुसीबत से पैसा बनाने की कोशिश करते हैं, चाहे वे व्यापारी हों, चाहे दुकानदार हों या और हों—खुदगर्जी में,

खाने का सामान जमा करते हैं, ताकि ज्यादा दाम मिलें, या कभी साल-दो साल उन्हें जरूरत हो, तो उसको काम में ला सकें।—अगर आप और हम यह तय कर लें कि इस बात को हमें खत्म करना है, चाहे वह काला बाजार कहलाए, होर्डिंग कहलाए, खाना जमा करना या जो भी उसका नाम आप लें, या चीजों का बेमाने दाम बढ़ाना—तो उसको हम रोकेंगे। अगर हमने और आपने मिलकर इरादा किया तो यकीनन वह रुकेगा, और जो नहीं रोकेगा—वह काफी सजा पाएगा।

—*लालकिले के प्राचीर से (भाग-1), पृ. 27-28*

* * *

छिपाओ नहीं

कोई काम खुफिया तौर पर न करो, कोई काम ऐसा न करो, जिसे तुम्हें दूसरों से छिपाने की इच्छा हो।

—*विश्व इतिहास की झलक (भाग-1), पृ. 7*

* * *

जड़वाद

जड़वादियों ने विचार, मजहब और आध्यात्म में प्रमाण का, और सभी निहित स्वार्थों का विरोध किया। उन्होंने वेदों की, पुरोहिताई की परंपरा से आए हुए यकीनों की निंदा की, और यह ऐलान किया कि अकीदे को आजाद होना चाहिए, और उसे पहले से मान ली गई बातों या सिर्फ पुराने जमाने के प्रमाण का भरोसा न होना चाहिए। सभी तरह के मंत्र-तंत्र और अंधविश्वास की उन्होंने बुराई की। उनका आम रवैया बहुत कुछ आज के जड़वादियों जैसा था—ये अपने को गुजरे हुए जमाने की जंजीरों और बोझ से—जो चीजें नहीं दिखाई देतीं, उनकी कल्पना से, और खयाली देवताओं की पूजा से आजाद करना चाहते थे।

—*हिंदुस्तान की कहानी, पृ. 128*

* * *

जनता का हित

हम किसी का बुरा नहीं चाहते, लेकिन यह बात स्पष्ट रूप से समझ लेनी चाहिए कि अपनी चिर-पीड़ित जनता के हितों का ध्यान हमें सबसे पहले होना चाहिए, और अन्य स्वार्थों को उनके आगे झुक जाना चाहिए। हमें अपनी दकियानूसी भूमि-व्यवस्था को शीघ्र ही बदलना है, और हमें एक बड़े और संतुलित पैमाने पर उद्योग-व्यवसायों को उन्नत करना है—जिससे कि देश की संपत्ति बढ़े, और लाभ उचित रूप में वितरित हो सके।

— *जवाहरलाल नेहरू के भाषण (खंड-1), पृ. 6*

* * *

जनमत

हमारी बराबर नीति रही है कि जहाँ भी किसी रियासत के दोनों में से किसी भी देश में मिलने के विषय में झगड़ा हो, वहाँ रियासत की जनता का निर्णय ही माना जाएगा।

—जवाहरलाल नेहरू के भाषण (खंड-1), पृ. 14

* * *

जमींदार

मेरी राय में, जमींदारों की जमात बिलकुल फालतू है। मैं तो जमींदारों का मतलब समझ ही नहीं पाता। जो शख्स काम करता है, उसे अपनी मेहनत का फल मिलना चाहिए; और जो शख्स गद्दी पर बैठा रहता है, उसे कुछ नहीं मिलना चाहिए। अगर मेरा बस चले तो मैं ऐसा इंतजाम करूँ कि कोई भी खाली न बैठा रह सके—और जो शख्स ज्यादा कड़ी मेहनत करे उसे ज्यादा मिले, और जो कम काम करे उसे कम मिले। यही मेरा हल है। दूसरे मुल्कों की तरफ देखिए। इन जगहों के जमींदार धीरे-धीरे गायब होते जा रहे हैं। इसका मतलब यह नहीं है कि वे भाग जाएँ, बल्कि यह कि अपने को खाली देख उन्हें काम में लग जाना चाहिए। खेत किसान का होना चाहिए।

—जवाहरलाल नेहरू वाङ्मय (खंड-4), पृ. 250

* * *

जाति

जब कोई कौम कमजोर हो जाती है, जब किसी कौम की हर वक्त आजमायश नहीं होती, तो वह ढीली हो जाती है। अब हमारे और आपके सारे मुल्क के सामने, ज्यादा सख्त इम्तिहान और आजमाइशें आई हैं। और जिस दरजे तक हम उनका हिम्मत से सामना कर सकते हैं, उस दरजे तक हम कुछ कामयाब होते हैं।

—लालकिले के प्राचीर से (भाग-1), पृ. 22

* * *

याद रखिए, लोग आते हैं—जाते हैं, और गुजरते हैं। लेकिन मुल्क और कौमें अमर होती हैं, वे कभी गुजरती नहीं हैं, जब तक कि उनमें जान है, जब तक कि हिम्मत है।

—लालकिले के प्राचीर से (भाग-1), पृ.12

* * *

जाति-भेद

हमारे मुल्क में जाति-भेद है। अलग-अलग जातियाँ हैं। कोई अपने को ऊँचा समझता है, कोई जाति नीची समझी जाती है। इस चीज ने हमारे देश में काफी दीवारें पैदा की हैं, फूट पैदा की है, हमें बदनाम और कमजोर किया है—इस चीज का हमें

मुकाबला करना है। जोरों से मुकाबला करना है, पूरे तौर से करना है, जब तक कि हम इसका पूरे हिंदुस्तान से पूरा खात्मा नहीं कर देते। हमें इसके साथ कोई रहम नहीं करना है। पुराने जमाने में उसकी जो जगह थी—वह थी; पर आजकल के जमाने में उसकी कोई जगह नहीं है। और जो लोग जातिवाद को जरा भी रहम के साथ देखते हैं, जरा भी उससे घबराते हैं, जरा भी उससे डरते हैं कि भाई कहीं लोग हमसे नाराज न हो जाएँ—वे कमजोर हैं, बुजदिल हैं!

—लालकिले के प्राचीर से (भाग-1), पृ. 65

❋ ❋ ❋

जाति-व्यवस्था

जब जाति-व्यवस्था व्यवहार में आई तो यह बहुत अच्छी थी, किंतु पिछले कई सौ वर्षों में इसने राष्ट्रीय और सामाजिक रूप में हमें कमजोर किया है। इसने हमें पदक्रम में विभाजित कर दिया है—कुछ अपने को उच्च जाति का, कुछ मध्यग जाति का, कुछ निम्न जाति का, और कुछ बिना जाति का पुकारने लगे हैं।

—त्रिचूर में भाषण (26 दिसंबर, 1956)

❋ ❋ ❋

जिंदगी : जीवन

किसी मुल्क की जिंदगी में पचास साल का अरसा, कोई बहुत ज्यादा अरसा नहीं होता। यह हिंदुस्तान के हजारों-हजार साल के गुजरे जमाने में जैसे एक कौंध है। फिर भी इनसान की जिंदगी में पचास साल एक लंबा अरसा है, और इसको कोशिशों और कामयाबियों से भरा जा सकता है। इन पचास बरसों ने एक जमाने का अंत, और सब जगह एक जबरदस्त तब्दीली देखी है। इस अरसा में हमने क्या कुछ किया है? क्या इस जिंदगी की हमेशा बहती रहनेवाली नदी के साथ चले हैं—और हमने बदलते हुए हालात के साथ अपने को बदला है, या कि हम ठहरे हुए पानी में रहे हैं—जो कहाँ-का-तहाँ रहता है और जिसमें बहुत कम बदलाव होता है—सेंवार में फँसे हुए, जो हमें निकम्मा कर देता है, और हमारे दिमाग और जोश को कुंद कर देता है? असली बदलाव और विकास, दिमाग और जोश का होता है; बाकी सबकुछ उसके साथ आता है।

—जवाहरलाल नेहरू वाङ्मय (खंड-7), पृ. 45-46

❋ ❋ ❋

जिंदगी और उसके मसलों पर मेरा सारा नजरिया साइंस है, और मजहब और इसके तरीकों के लिए मैंने कभी कोई कोशिश नहीं की। सेक्स, बर्थ-कंट्रोल, संयम वगैरह पर श्रीगांधी के खयालात के मैं बिलकुल खिलाफ हूँ। मैं मशीन में यकीन

करता हूँ और हिंदुस्तान में इसका फैलाव चाहता हूँ, लेकिन मेरा यह भी यकीन है कि इस पर समाजी कब्जा हो।

— जवाहरलाल नेहरू वाड्मय (खंड-5), पृ. 499

❋ ❋ ❋

जीवन का अर्थ ही, बदलती हुई परिस्थितियों से निरंतर सामंजस्य बनाए रखना है।

— जवाहरलाल नेहरू के भाषण (खंड-1), पृ. 52

❋ ❋ ❋

तब्दीलियों के वक्त से गुजरना, हमेशा एक मुश्किल मौका हुआ करता है। इनसान का स्वभाव बहुत ज्यादा दकियानूसी है, और वह पुरानी लकीर का फकीर बना रहता है। लेकिन जिंदगी में रवानी है और वह सदा बदलती रहती है। और इसलिए कभी-कभी ऐसा होता है कि जिंदगी आगे बढ़ जाती है और सामाजिक रीति-रिवाजों को बहुत पीछे छोड़ देती है। एक बड़ा भारी खला पैदा हो जाता है, जो समाज को आगे बढ़ने से रोकता है। लेकिन चूँकि जिंदगी को आगे बढ़ना ही है—इस खले को तेजी के साथ भरना होता है।

— जवाहरलाल नेहरू वाड्मय (खंड-5), पृ.205

❋ ❋ ❋

यह बात मुझे बहुत ही पसंद आती है, कि जिंदगी की ओर हमारे रुख का किसी-न-किसी तरह का नैतिक या इखलाकी आधार होना चाहिए। हाँ, दलील से इसका समर्थन करना मेरे लिए मुश्किल होगा। *—हिंदुस्तान की कहानी, पृ. 35*

❋ ❋ ❋

हमें होशियार इस बात से रहना चाहिए कि हम ऐसी बातों के मनन के समुंदर में न खो जाएँ—जिनका ताल्लुक हमारी रोजमर्रा की जिंदगी, और उसके मसलों और इनसान की जरूरतों से नहीं है। एक जिंदा फिलसफे को ऐसा होना चाहिए कि यह आज के मसलों का हल पेश कर सके। *—हिंदुस्तान की कहानी, पृ. 39*

❋ ❋ ❋

जिम्मेदारी

स्वतंत्रता और शक्ति जिम्मेदारी लाती है।

— जवाहरलाल नेहरू के भाषण (खंड-1), पृ. 3

❋ ❋ ❋

जेल और अधिकारी

अपनी मरजी से जेल में कुछ वक्त गुजारना—हमारे जजों, मजिस्ट्रेटों और जेल-अहलकारों के जिस्म और रूह के लिए बड़ा अच्छा होगा। इनसे वे जेल-जिंदगी की ज्यादा असलियत भी जान सकेंगे। लेकिन जाहिर है कि अपनी मरजी से की गई इस तरह

की कोई भी कोशिश, असल बात के नजदीक कभी नहीं पहुँच सकती। उसमें गिरफ्तारी का डंक मौजूद नहीं होगा, और हुकूमत की हथियारबंद और दीवारों से घिरी ताकत के सामने अजीब-सी लाचारी—और चूर-चूर हो जाने का जज्बा पैदा होगा—जो हर कैदी महसूस करता है। अपनी मरजी से जेल जाने वाले के साथ, जेलवालों की ओर से बुरा सलूक भी नहीं किया जाएगा। जेल का असली मतलब है वह मनोवैज्ञानिक पृष्ठभूमि, जो इनसान को किसी सड़े-गले अंग की तरह समाज से निकाल बाहर करती है। यह बात जरूरी तौर से गैरहाजिर रहेगी। लेकिन इन सब खामियों के बावजूद, यह तजुर्बा काम का होगा—और फौजदारी कानून के अमल को ज्यादा इनसानी और फायदेमंद बनाने में मददगार होगा।

—जवाहरलाल नेहरू वाङ्मय (खंड-6), पृ. 476-477

❋ ❋ ❋

जेल-व्यवस्था

जेल का मकसद यह जान पड़ता है कि, किसी शख्स के अंदर इनसानियत के जो भी निशान मौजूद हों—उन्हें मिटा दें, और उसके बाद उसके पशुवाले तत्त्व को भी इस तरह दबा दें—कि आखिर वह पूरी तरह पेड़-पौधों जैसा ही रह जाए। मिट्टी में जकड़ा, दुनिया और उसकी काररवाइयों से बिलकुल कटा हुआ, सामने कोई भविष्य नहीं, आँख मूँदकर हुक्म मानते रहना ही बड़ा गुनाह माना जाता है—तब अगर कैदी पेड़-पौधे जैसा ही हो जाए, तो क्या इसमें ताज्जुब करने की कोई बात है? बेशक यह बात मेरे जैसे लोगों पर लागू नहीं होती, जो कुछ वक्त के लिए यहाँ आते हैं; लेकिन दूसरे लोग जो साल-दर-साल यहाँ गुजार देते हैं वे, मैं सोचता हूँ, भला किस बात में पेड़-पौधों से अलग हैं? और कितने ही बरसों की लंबी मियाद के बाद जब वे छोड़े जाते हैं, तब चहल-पहल और कामकाज की उस अजीब नई दुनिया में उन्हें कैसा लगता होगा?

—जवाहरलाल नेहरू वाङ्मय (खंड-4), पृ. 362

❋ ❋ ❋

जेल की हमारी यह दुनिया अलग ही है, और हम जिन देवताओं को यहाँ पूजते हैं—वे भी अलग है। सबसे पहले हम परमेश्वर—लाल फीता को माथा नवाते हैं। वह बड़ा शक्तिशाली हैं, और उसके हाथ-पाँव लंबे-लंबे हैं, गणेश की तरह वह लाल है, और सर्वव्यापी है, और मंदगामी। उसके धर्मशास्त्रों को भी अगर एक जगह इकट्ठा कर दिया जाए—तो उन सबसे भी यह अधिक महान् और वजनी है। उसके पुजारियों और सेवकों की, एक-दूसरे के साथ अजीब-अजीब इशारों में बातचीत हो जाती है। और इनकी भाषा ऐसी रहस्यपूर्ण है कि साधारण मुहावरे और व्याकरण की

इन्हें कतई परवा नहीं—और इसकी जकड़ में जो आ गया, उसके बच निकलने की कोई उम्मीद नहीं।

—जवाहरलाल नेहरू वाङ्मय (खंड-4), पृ. 362

❊ ❊ ❊

जेल में कुछ भी क्यों न हुआ करे, किसी कैदी की किसी जेल-अधिकारी के खिलाफ कोई सुनवाई नहीं हो सकती। और यह नजारा कितना दर्दनाक है कि महज जेलर को खुश करने के लिए, नंबरदार और पक्के अपने ही साथी कैदियों की पिटाई करते हैं—ठीक हिंदुस्तान के हमारे 'राजभक्त' दोस्तों और ब्रिटिश-सरकार की तरह।

—जवाहरलाल नेहरू वाङ्मय (खंड-4), पृ. 343

❊ ❊ ❊

हिंदुस्तानी जेलों में जिस तरह की जेल-व्यवस्था चल रही है, वह हिंदुस्तान में ब्रिटिश-सरकार की व्यवस्था से कम मिलती-जुलती नहीं है। सरकारी तंत्र में बड़ी चुस्ती रहती है—जिसकी वजह से इस मुल्क पर सरकार की पकड़ मजबूत रहती है—और देश के निवासियों की बहुत ही थोड़ी, या बिलकुल ही परवा नहीं की जाती। बाहर से देखने पर यही लगेगा कि इस जेल का इंतजाम बहुत ही अच्छा है, और किसी हद तक यह बात सही भी होगी। लेकिन जान पड़ता है कि कोई यह सोचता तक नहीं कि जेलों का असली मकसद तो उन अभागे लोगों को सुधारना और उनकी मदद करना है, जो यहाँ आते हैं, उन्हें कुचलना नहीं। पर यहाँ यही इरादा काम कर रहा है—ताकि जब तक वे बाहर निकलें, तब तक उनके अंदर फुरती और चुश्ती का एक जर्रा भी न रह जाए।

—जवाहरलाल नेहरू वाङ्मय (खंड-4), पृ. 326

❊ ❊ ❊

जोश

अगर हमें भारत के पुनर्निर्माण का महान् कार्य हाथ में लेना है, तो इसके लिए आँकड़ों, कागजी काररवाई, आदेश, संगठन और योजना बनाने से बढ़कर और बहुत कुछ करना होगा। दिल में आग लेकर इस काम को उठाना होगा, और उसी जोश और जज्बे से काम लेना होगा, जिससे कौम आगे बढ़ा करती है।

—जवाहरलाल नेहरू के भाषण (खंड-1), पृ. 101

❊ ❊ ❊

झगड़े

हमारा पहला ध्येय यह होना चाहिए, कि हम सब प्रकार के अतिरिक्त झगड़ों और हिंसा का अंत कर दें, जो कि हमें कलुषित करके गिराते हैं, और जो कि स्वतंत्रता के पक्ष को हानि पहुँचाते हैं। ये जनता की महान् आर्थिक समस्याओं पर, जिन पर तुरंत ध्यान देने

की आवश्यकता है, विचार करने में बाधक होते हैं।

—जवाहरलाल नेहरू के भाषण (खंड-1), पृ. 5

❋ ❋ ❋

हमें और आपको आपस में झगड़े से आगाह होना है, चाहे कितना ही ऊँचा उसका नाम क्यों न हो, चाहे यह क्यों न कहा जाए कि यह मुल्क के फायदे के लिए है। झगड़े भी तरह-तरह के हैं। ऊँचे-ऊँचे नाम हैं कि हम किसानों के लाभ के लिए झगड़ा करते हैं, या हम यहाँ के जो मजदूर भाई हैं उनके लिए करते हैं। लेकिन झगड़े और फसाद से, और खून बहाने से न मजूदर आगे बढ़ेगा, न किसान आगे बढ़ेगा—खाली मुल्क तबाह होगा। दूसरे लोग वे हैं, जो आप जानते हैं, मजहब और धर्म के नाम से इस किस्म का झगड़ा-फसाद करते हैं, फिरकापरस्ती करते हैं। आपने काफी इस सबक को सीखा और समझा। इस तरह से मुल्क तरक्की नहीं कर सकता, इस तरह से कमजोरी और बढ़ेगी। हमारी सारी ताकत, बजाय आगे बढ़ने के और गिरेगी।

—लालकिले के प्राचीर से (भाग-1), पृ. 47

❋ ❋ ❋

डींग

जो डींग मारते हैं, वे अकसर बड़े नहीं हुआ करते।

—विश्व इतिहास की झलक (भाग-1), पृ. 12-13

❋ ❋ ❋

तलाक

सबसे पहले एक सिविल मेरेज-ऐक्ट की जरूरत है, जिसमें भारत के सभी लोग शामिल हों और जिससे किसी धर्म की अवमानना न होती हो। दूसरी बात यह है कि तलाक को आसान बनाया जाए, और वह आपसी ख्वाहिश पर मुनहसिर हो। एक ऐसे कानून की भी जरूरत है, जो विशेष परिस्थितियों में, हिंदू दंपति को विवाह-विच्छेद की कार्यवाही की अनुमति दे। वे परिस्थितियाँ क्या हों—इस पर सावधानी से विचार करने की जरूरत है। लेकिन मैं यह पसंद न करूँगा कि वे ऐसे हों, जो दोनों पक्षों के लिए काररवाई को मुश्किल बना दें। व्यक्तिगत रूप से मुझे, दोनों पक्षों की अलग होने की इच्छा से ही काफी कारण जान पड़ता है। लेकिन मुझे शक है कि आज के ज्यादातर हिंदू इसे स्वीकार करेंगे।

—जवाहरलाल नेहरू वाङ्मय (खंड-7), पृ. 627

❋ ❋ ❋

दुश्मन

अगर हम अपने को भूल जाएँ, अपने बड़े-बुजुर्गों के सबक को भूल जाएँ और

अपने इतिहास को भूल जाएँ—तब फिर बाहर के दुश्मनों की क्या जरूरत है, फिर तो हम खुद ही खुदकुशी करते हैं।

—लालकिले के प्राचीर से (भाग-1), पृ. 10

❊ ❊ ❊

देवनागरी लिपि

अगर हमें कोई लिपि निकालनी है, और यहाँ मैं इसी आश्वासन के साथ नहीं बोल रहा, बल्कि सिर्फ यही चीज कह रहा हूँ, जो मेरे दिमाग में आई कि भविष्य के लिए अगर हम देवनागरी लिपि का इस्तेमाल करें तो यह अच्छा रहेगा। यह अपेक्षाकृत आसान लिपि है, और साथ ही यह बात भी है कि इसके होने से आदिम जातियाँ—और किसी लिपि के मुकाबले बाकी देश के साथ निकट संपर्क में रहेंगी।

— जवाहरलाल नेहरू के भाषण (खंड-1), पृ. 41

❊ ❊ ❊

देश

यह मुल्क क्या है? यह हिमालय पहाड़ नहीं है, न कन्याकुमारी है। यह मुल्क इसके रहनेवाले छत्तीस करोड़ आदमी हैं—मर्द, औरत और बच्चे, और आखिर में इस मुल्क की भलाई-बुराई, उन छत्तीस करोड़ आदमियों की भलाई और बुराई है।

—लालकिले के प्राचीर से (भाग-1), पृ. 46

❊ ❊ ❊

देश का बड़प्पन

बड़प्पन यह नहीं है कि हम और कौमों को दबाएँ। बड़प्पन यह है कि हम अपने मुल्क को ऊँचा करें, दूसरी कौमों से दोस्ती करें, अपना फायदा करें और दुनिया का फायदा करें।

—लालकिले के प्राचीर से (भाग 1), पृ. 44

❊ ❊ ❊

देश की दौलत

देश की दौलत क्या है? जो आप लोग, और देश के सब लोग अपनी मेहनत से कमाते हैं। दौलत कोई ऊपर से तो नहीं आती यानी देश का काम मजमुआ है—करोड़ों आदमियों के काम का। अगर देश से गरीबी निकालना चाहते हैं, तो अपनी मेहनत से काम करके, दौलत पैदा करके ही वैसा कर सकते हैं। लोग समझते हैं कि कहीं बाहर से दौलत आए, उसका हम बँटवारा करें। चारों तरफ से सिर्फ माँगें आएँ—चाहे किसी प्रांत से, चाहे किसी संस्था से। लेकिन पैसा कहाँ से आता है?—जनता की मेहनत से आता है, जो मेहनत से जनता कमाती है, जो खेत में जमींदार या किसान कमाता है, जो

कारखाने में कमाता है, जो दुकान में कमाता है—इस तरह देश की दौलत बढ़ती है और देश तरक्की करता है।

—लालकिले के प्राचीर से (भाग-1), पृ. 9

* * *

देश की हिम्मत

आजादी के साथ जिम्मेदारी होती है, जिम्मेदारी खाली हुकूमत की नहीं, जिम्मेदारी हर एक आजाद शख्स की। और अगर आप उस जिम्मेदारी को महसूस नहीं करते, अगर आप उसे नहीं समझते, तो खतरा आने पर आप आजादी को पूरी तौर से बचा भी नहीं सकते। अगर कोई बाहर का हमला हो और फौजी हमला हो—तो हमारी फौज है, हमारे हवाई जहाज हैं, हमारे समुद्री जहाज हैं, और हमारे बहादुर नौजवान हैं—जो उनमें काम करते हैं। वे उस हमले से हिंदुस्तान को बचाएँगे—ठीक है, लेकिन आखिर में किसी मुल्क को फौज नहीं बचाती है, न हवाई जहाज बचाते हैं। बचाती है मुल्क की हिम्मत! मुल्क का तगड़ापन बचाता है। आखिर में मुल्क का एक-एक आदमी, मर्द और औरत जब तक अपने को हिंदुस्तान का एक सिपाही न समझे, तब तक मुल्क पूरे तौर से महफूज नहीं है।

—लालकिले के प्राचीर से (भाग-1), पृ. 30

* * *

हिंदुस्तान अगर मजबूत देश होगा, तगड़ा देश होगा, अगर इसमें तरक्की होगी तो यह एक ही तरह से कि यहाँ जितनी कौमें हैं, जितने मजहब के लोग हैं—सबको पूरा अधिकार हो, पूरा अख्तियार हो, सबके लिए तरक्की के सब दरवाजे खुले हों—इस आजादी में सब पूरे हिस्सेदार हों। और अगर आप एक-दूसरे से लड़ेंगे, तो आप यकीन मानिए, एक-दूसरे को कमजोर करेंगे, और चुनाँचे आजादी को कमजोर करेंगे।

—लालकिले के प्राचीर से (भाग 1), पृ. 31

* * *

दोस्ती का हाथ

हम किसी को धमकी नहीं देना चाहते, किसी को मुक्का नहीं दिखाना चाहते। हम हाथ बढ़ाते हैं, हाथ मिलाने के लिए और वह हाथ बढ़ा है पाकिस्तान के लोगों से हाथ मिलाने के लिए। वह आज भी बढ़ा हुआ है और कल भी बढ़ा रहेगा—और चाहे जोश हो, चाहे कुछ हो, बस उसूल पर हम कायम रहेंगे। हाँ, अगर हमारे मुल्क पर कोई हमला हो, तो हमारा फर्ज है कि पूरे तौर से हिफाजत करें और उसके लिए तैयार रहें।

—लालकिले के प्राचीर से (भाग-1), पृ. 43

* * *

धन

आदमी का मूल्य मापने के लिए धन को जो मापदंड बनाया गया है, उसने असलियत को दबा दिया है और गड़बड़ पैदा कर दी है। तो, लोगों को उनकी सरकारी हैसियत और ओहदे के अनुसार ऊँचा या नीचा समझने की आदत मिटानी चाहिए।

— जवाहरलाल नेहरू के भाषण (खंड-1), पृ. 119

❋ ❋ ❋

धर्म/मजहब

आज हिंदू-धर्म को जिस तरह अमल में लाया जा रहा है, उसे मजबूत और शुद्ध करने की बातें जोर-शोर से हो रही हैं। हर आदमी को, चाहे वह हिंदू हो या न हो—चाहिए कि वह बुलंद तहजीब और इनसानी तरक्की के हक में, ऐसे हर आंदोलन का स्वागत करे। हर वह बात जो आदमी-से-आदमी को अलग करनेवाली अड़चनों को दूर करे, और आम इनसानियत की राह खोले, हर वह बात जो बड़ी तादाद में इनसान को ऊँचा उठाए और उनके लिए जिंदगी को ज्यादा सह सकने लायक बनाए, हर वह बात जो जाहिल और अंधे कट्टरपन की जगह विवेक को लाए, ऐसी हर बात हमेशा स्वागत के लायक है। इसलिए हिंदू-धर्म की बुनियाद को फैलानेवाले, और उसकी बुराइयों को दूर करनेवाले आंदोलन का हमें स्वागत करना चाहिए।

— जवाहरलाल नेहरू वाङ्मय (खंड-6), पृ. 432

❋ ❋ ❋

आमतौर पर धर्म ईश्वर या परमतत्त्व की असामाजिक या व्यक्तिगत खोज का विषय बन जाता है, और धर्मभीरु व्यक्ति समाज की भलाई की अपेक्षा अपनी मुक्ति की ज्यादा फिक्र करने लगता है। रहस्यवादी अपने अहंकार से छुटकारा पाने की कोशिश करता है, और इस कोशिश में अकसर अहंकार की ही बीमारी उसके पीछे लग जाती है। नैतिक पैमानों का संबंध समाज की आवश्यकताओं से नहीं रहता, बल्कि पाप के अत्यंत गूढ़ आध्यात्मिक सिद्धांतों पर वे आधारित रहते हैं। और संगठित धर्म तो हमेशा स्थापित स्वार्थ ही बन जाता है, और इस तरह लाजिमी तौर पर वह परिवर्तन और प्रगति के लिए विरोधी (प्रतिगामी) शक्ति होता है। *—मेरी कहानी, पृ. 528-529*

❋ ❋ ❋

किसी भी भाषा में 'धर्म' शब्द का (या दूसरी भाषाओं के इसी अर्थवाले शब्दों का) जितना भिन्न-भिन्न अर्थ भिन्न-भिन्न लोग लगाते हैं, उतना शायद ही किसी दूसरे

शब्द का अर्थ लगाया जाता हो।—अब 'धर्म' शब्द का ठीक और निश्चित अर्थ (अगर कभी था तो) बिलकुल नहीं रहा, अकसर और बिलकुल ही भिन्न-भिन्न अर्थों में उसका प्रयोग होता है, तो तब वह सिर्फ गड़बड़ी ही उत्पन्न करता है—और उससे वाद-विवाद और तर्क का भी अंत ही नहीं हो सकता। बहुत ज्यादा अच्छा यह हो कि इस शब्द का प्रयोग ही बिलकुल बंद कर दिया जाए, और उसके स्थान पर ज्यादा सीमित अर्थवाले शब्द इस्तेमाल किए जाएँ—जैसे ईश्वर-विज्ञान, दर्शन-विज्ञान, आचार-शास्त्र, नीति-शास्त्र, आत्मवाद, आध्यात्मिक शास्त्र, कर्तव्य, लोकाचार वगैरा। यों तो ये शब्द भी काफी अस्पष्ट हैं, लेकिन ये 'धर्म' की अपेक्षा बहुत परिमित अर्थ रखते हैं। इससे बड़ा लाभ होगा। क्योंकि अभी तक इन शब्दों के साथ उतनी भावुकता नहीं जुड़ पाई है, जितनी कि 'धर्म' के साथ जुड़ सकती है।

—मेरी कहानी, पृ. 530

❋ ❋ ❋

धर्म अधिकारवाद और बुरी तरह समर्पण का मूल स्रोत रहा है, और चूँकि हमारे शासक इसे महसूस करते हैं—और चूँकि उनकी अपनी हुकूमत इस अधिकारवादी विचारधारा पर आधारित है, इसलिए वे हिंदुस्तान में इसकी अधकचरी अभिव्यक्ति को सहारा देने की इच्छा करते हैं।

—जवाहरलाल नेहरू वाङ्मय (खंड-3), पृ. 200

❋ ❋ ❋

धर्म का अर्थ कर्मकांड और मतवाद नहीं, और जीवन की ऊँची बातों से है—तो विज्ञान और धर्म के बीच कोई विरोध नहीं। यदि भारत धर्म और विज्ञान के बीच यह समन्वय स्थापित कर सका, तो उसके लिए बड़े श्रेय की बात होगी।

—नेहरू और नई पीढ़ी : हरिदत्त शर्मा, पृ. 231

❋ ❋ ❋

पुराने जमाने में 'वैदिक धर्म' शब्दों का इस्तेमाल खासतौर पर उन दर्शनों, नैतिक शिक्षाओं, कर्मकांडों और व्यवहारों के लिए होता था, जिनके बारे में समझा जाता था कि वे वेद पर अबलंबित हैं। इस तरह से ये सभी लोग, जो वेदों को आमतौर पर प्रमाण मानते थे, वैदिक धर्मवाले कहलाए।

—हिंदुस्तान की कहानी, पृ. 97

❋ ❋ ❋

बीते जमाने में, आदमियों की आजादी की इच्छा को मंद करने के लिए धर्म को अफीम के तौर पर इस्तेमाल किया गया है। राजाओं और सम्राटों ने अपने फायदे के लिए उसका शोषण किया, और शासन करने के लिए दैवी अधिकार में लोगों का विश्वास

जमाया है। पुजारी और दूसरे विशेष वर्ग ने, अपने अधिकारों के लिए दैवी स्वीकृति का दावा किया है और धर्म की मदद से जनता से कहा गया है कि उनकी मुसीबतों की वजह उसकी किस्मत या पिछले जन्म के पाप हैं।

— जवाहरलाल नेहरू वाङ्मय (खंड-3), पृ. 200

❋ ❋ ❋

भारत में धार्मिक विश्वासों की स्वतंत्रता के लिए ऐसी कोई लड़ाई नहीं हुई (जैसी यूरोप में हुई—सं.) क्योंकि ऐसा ज्ञात होता है कि यहाँ प्रारंभ से ही इस अधिकार पर कभी कोई प्रतिबंध नहीं रहा। लोगों को स्वतंत्रता थी कि जो बात उन्हें पसंद हो, उसे मानें, और किसी को मजबूर नहीं किया जाता था। लोगों के दिमागों पर असर डालने का तरीका तर्क और वाद-विवाद का था, डंडा और सूली का नहीं।

— विश्व इतिहास की झलक, पृ. 326

❋ ❋ ❋

मजहब ने आदमी की प्रकृति की कुछ गहराई के साथ महसूस की हुई जरूरतों को पूरा किया है, और सारी दुनिया में, बहुत ज्यादा कसरत में, लोग बिना मजहबी अकीदे के रह नहीं सकते। इसने बहुत से ऊँचे किस्म के मर्दों और औरतों को पैदा किया है, और साथ ही तंग नजर और जालिम लोगों को भी। इसने इनसानी जिंदगी को कुछ निश्चित आँकें दी हैं, और अगरचे इन आँकों में से कुछ आज के जमाने पर लागू नहीं हैं, बल्कि उसके लिए नुकसानदेह भी हैं; दूसरी ऐसी भी हैं, जो इखलाक और अच्छे व्यवहार के लिए बुनियादी हैं।

— हिंदुस्तान की कहानी, पृ. 31-32

❋ ❋ ❋

मैं चाहता हूँ कि जीवन को समझा जाए, उसको त्यागा नहीं, बल्कि उसको अंगीकार किया जाए; उसके अनुसार चला जाए, और उसको उन्नत बनाया जाए—मगर आम धार्मिक दृष्टिकोण इस लोक से नाता नहीं रखता। मुझे यह स्पष्ट विचार का दुश्मन मालूम होता है, क्योंकि वह सिर्फ कुछ स्थिर और न बदलनेवाले मतों और सिद्धांतों को—बिना चूँ-चपड़ किए स्वीकार कर लेने पर ही नहीं—बल्कि भावुकता और मनोवेग पर भी आधारित है।

— मेरी कहानी, पृ. 528

❋ ❋ ❋

मैं ज्यादा-से-ज्यादा मजहबी खयाल के खिलाफ हुआ जा रहा हूँ। अपवादों को छोड़ दिया जाए (और उनमें कुछ तो बड़े अपवाद हैं) तो मुझे यह सच्ची आध्यात्मिकता को नकारना, और उलझन और भावुकता पैदा करनेवाला जान पड़ता है। मैं तमाम मजहबी

कामों और त्यौहारों से—मजहब के तमाम निशानों से, जहाँ तक मुमकिन है—अलग रहना चाहता हूँ—बल्कि ला-मजहब हो जाना चाहता हूँ।

—जवाहरलाल नेहरू वाङ्मय (खंड-5), पृ. 479

❋ ❋ ❋

विज्ञान आज मजहब की पुरानी कल्पना को चुनौती दे रहा है, किंतु यदि मजहब सिर्फ अंधविश्वासों और धार्मिक रस्मों तक ही सीमित रहे—और जीवन की कुछ चीजों से वास्ता रखे, तब न तो इसका विज्ञान से कोई विरोध होगा, और न आपस में एक-दूसरे से। हो सकता है, इस प्रकार के समन्वय के काम में भारत को सहायक होने का सौभाग्य प्राप्त हो। यह भारत की उस प्राचीन परंपरा के अनुसार ही होगा, जो अशोक के शिलालेखों में अंकित मिला है।

—जवाहरलाल नेहरू के भाषण (खंड-1), पृ. 54

❋ ❋ ❋

सभी कदीम हिंदुस्तानी मतों के लिए—और इनमें बुद्ध मत और जैन मत भी शामिल है—'सनातन धर्म' यानी प्राचीन धर्म का प्रयोग हो सकता है; लेकिन इस पर आजकल हिंदुओं के कुछ कट्टर दलों ने एकाधिकार कर रखा है, जिनका दावा है कि वे इस प्राचीन मत के अनुयायी हैं।

—हिंदुस्तान की कहानी, पृ. 97

❋ ❋ ❋

हमारे देश में महान् धर्म पैदा हुए, और उन्होंने मानव-मात्र पर जबरदस्त प्रभाव डाला है। फिर भी किसी व्यक्ति के लिए कोई दुराशय न रखते हुए, और आदर के साथ मैं यह कहना चाहूँगा—कि इन धर्मों ने जिस मात्रा में लोगों के दिमाग को गतिहीन, रूढ़िवादी और दुराग्रही बनाया है, उतनी ही मात्रा में मेरे विचार में—बुरा असर पड़ा है। उन धर्मों ने जो बातें कहीं वे अच्छी हो सकती हैं, लेकिन जब यह दावा किया जाने लगता है कि वही आप्त वाक्य है, तब समाज एकदम रुक जाता है।

—जवाहरलाल नेहरू के भाषण (खंड-1), पृ. 32

❋ ❋ ❋

हिंदुस्तान में मजहब के लिए पुराना व्यापक शब्द 'आर्य-धर्म' था। दरअसल, धर्म का अर्थ मजहब या 'रिलिजन' से ज्यादा विस्तृत है। इसकी व्युत्पत्ति जिस धातु—शब्द से हुई है, उसके मानी हैं—'एक साथ पकड़ना'। यह किसी वस्तु को भीतरी आकृति, उसके अतिरिक्त जीवन के विधान के अर्थ में आता है। इसके अंदर नैतिक विधान, सदाचार, और आदमी की सारी जिम्मेदारियाँ और कर्तव्य आ जाते हैं। आर्य-धर्म के भीतर वे सभी मत आ जाते हैं, जिनका आरंभ हिंदुस्तान में हुआ है—वे मत चाहे वैदिक हों,

चाहे अवैदिक। इसका व्यवहार बौद्धों और जैनों ने भी किया है, और उन लोगों ने भी, जो वेदों को मानते हैं। बुद्ध अपने अपनाए मोक्ष के मार्ग को हमेशा 'आर्यमार्ग' कहते थे।

—हिंदुस्तान की कहानी, पृ. 97

❋ ❋ ❋

हिंदुस्तान, सब बातों से ज्यादा, धार्मिक देश समझा जाता है, और हिंदू और मुसलमान और सिक्ख और दूसरे लोग अपने-अपने मतों का अभिमान रखते हैं, और एक-दूसरे के सिर फोड़कर उनकी सच्चाई का सबूत देते हैं। हिंदुस्तान में और दूसरे देशों में मजहब के और कम-से-कम मौजूदा रूप में संगठित मजहब के दृश्य ने मुझे भयभीत कर दिया है। मैंने उसकी कई बार निंदा की है, और उसको जड़-मूल से मिटा देने तक की इच्छा की है। मुझे तो लगभग हमेशा यही मालूम हुआ कि अंधविश्वास और प्रगति-विरोध, जड़ (प्रमाण-रहित) सिद्धांत और कट्टरपन, अंधश्रद्धा और शोषणनीति, और (न्याय अथवा अन्याय से) स्थापित स्वार्थों के संरक्षण का ही नाम 'धर्म' है। मगर यह भी मुझे अच्छी तरह मालूम है कि धर्म में और कुछ भी है, उसमें कुछ ऐसी चीज है, जो मनुष्यों की गहरी आंतरिक आकांक्षा को भी पूरा करती है। नहीं तो उसका इतनी जबरदस्त शक्ति बनना, जैसा कि बना हुआ है, कैसे संभव था, और उससे अनगिनती पीड़ित आत्माओं को सुख और शांति कैसे मिल सकती थी?

—मेरी कहानी, पृ. 524

❋ ❋ ❋

हिंदू-धर्म, जो आजकल के बड़े मजहबों में सबसे पुराना है, भारत की ही देन है।

—विश्व इतिहास की झलक (भाग-1), पृ. 18

❋ ❋ ❋

हिंदू-धर्म ने अपनी सहनशीलता पर हमेशा नाज किया है, लेकिन आज उसको याद दिलाने की जरूरत आ पड़ी है। अशोक महान् ने कहा था, 'किसी-न-किसी वजह से सभी पंथ इज्जत के काबिल हैं। ऐसा करके आदमी अपने पंथ को ऊपर उठाता है, और साथ ही दूसरे लोगों के पंथों की सेवा करता है—सम्राट् को दान या बाहरी इज्जत की उतनी परवाह नहीं है, जितनी इस बात की कि सब पंथों में इस सच्चाई की असलियत का विकास होना चाहिए।'

—जवाहरलाल नेहरू वाङ्मय (खंड-6), पृ. 433

❋ ❋ ❋

धार्मिक

जो अपने धर्म की भक्ति के आवेश में, अपने धर्म की तो बड़ाई करता है और उसे

दूसरे धर्मों से बड़ा दिखलाने के लिए दूसरे धर्मों की निंदा करता है, वह निश्चय ही अपने धर्म की भी हानि करता है।

—नेहरू और नई पीढ़ी : हरिदत्त शर्मा, पृ. 232

✻ ✻ ✻

धार्मिक एकता

अगर कोई मजहब या धर्मवाला यह समझता है कि हिंदुस्तान पर उसी का हक है, औरों का नहीं—तो उसने हिंदुस्तान की राष्ट्रीयता, कौमियत को समझा नहीं है, हिंदुस्तान की आजादी को नहीं समझा है—बल्कि वह हिंदुस्तान की आजादी का एक माने में दुश्मन हो जाता है, उस आजादी को धक्का लगाता है, उस आजादी के टुकड़े बिखेरता है। क्योंकि हिंदुस्तान की जड़ है—आपस में इत्तिहाद, और हिंदुस्तान में जो मुख्तलिफ मजहब-धर्म हैं, जातियाँ हैं, उनसे मिलके रहना। उनको एक-दूसरे की इज्जत करना है, एक-दूसरे का लिहाज करना है।

—लालकिले के प्राचीर से (भाग-1), पृ.65

✻ ✻ ✻

धार्मिक ग्रंथ

धर्म-ग्रंथों को आदमी के दिमाग की उपज मानते हुए, हमें याद रखना चाहिए कि किस युग में वे रचे गए हैं, किस फिजा और मानसिक वातावरण ने उन्हें जन्म दिया है, और समय और विचार और अनुभव का कितना अंतर उनमें और हममें है। हमें कर्मकांड और धर्म-संबंधी रस्मों की भुल को भुला देना चाहिए और उस सामाजिक पृष्ठभूमि को ध्यान में रखना चाहिए, जिसमें उनका विकास हुआ है। इनसानी जिंदगी के बहुत-से मसले एक दायमी हैसियत रखते हैं। उनमें नित्यता की एक पुट है, और यही कारण है कि इन प्राचीन पुस्तकों में हमारी दिलचस्पी बनी हुई है। लेकिन और भी मसले रहे हैं, जो किसी खास युग तक सीमित रहे हैं—और उनमें हमारे लिए जिंदा दिलचस्पी की कोई बात नहीं रही है।

—हिंदुस्तान की कहानी, पृ. 103

✻ ✻ ✻

मैं इन कितांबों को—या किन्हीं किताबों को—ईश्वर-वाक्य की तरह नहीं मान सका हूँ, ऐसा कि बिना चूँ-चरा के उनके एक-एक लफ्ज को कुबूल कर लिया जाए। दरअसल, उनके मुतल्लिक ईश्वर-वाक्य होने के दावे का आमतौर पर यह नतीजा हुआ, कि उनमें लिखी बातों के खिलाफ मेरे दिमाग ने जिद पकड़ ली है। उनकी तरफ मेरा ज्यादा खिंचाव होता है, और उससे मैं ज्यादा फायदा तब हासिल कर सकता हूँ—जब मैं उन्हें आदमियों की रचनाएँ समझूँ—ऐसे आदमियों की, जो बड़े ज्ञानी और दूरदर्शी हो गए

हैं, लेकिन जो हैं साधारण नश्वर मनुष्य, न कि अवतार या ईश्वर की तरफ से बोलने वाले लोग; क्योंकि ईश्वर की कोई जानकारी या उसके बारे में निश्चय मुझे नहीं है।

—हिंदुस्तान की कहानी, पृ. 102

❊ ❊ ❊

मैंने मजहबी किताबों के पढ़ने में हमेशा संकोच किया है। उनके बारे में जो इस तरह के दावे किए जाते हैं कि इनमें आखिरी बातें लिख दी गई हैं—मुझे पसंद नहीं आते। इन मजहबों को लोग जैसा बरतते हैं, इसके बारे में जो ऊपरी शहादतें मेरे सामने आई हैं, उन्होंने मुझे उनके मूल आधारों तक पहुँचने का उत्साह नहीं दिलाया है। ताहम मुझे इन किताबों तक भटककर पहुँचना पड़ा है, इसलिए कि गैर-जानकारी खुद कोई गुण नहीं है—और अकसर एक खामी साबित होती है। मैं जानता रहा हूँ कि इनमें से कुछ ने इनसान पर गहरा असर डाला है, और जिस चीज का ऐसा असर पड़ सकता है, उसमें कोई भीतरी गुण और शक्ति—ताकत का कोई जिंदा सर-चश्मा जरूर है। उनके बहुत से अंशों को पढ़ने में मुझे बड़ी कठिनाई हुई है, क्योंकि बारहा कोशिश करने पर भी मैं अपने में काफी दिलचस्पी पैदा नहीं कर सका हूँ। साथ ही ऐसे टुकड़े भी मिले हैं, जिनकी निपट सुंदरता ने मुझे मोह लिया है। और उस वक्त ऐसा हुआ है, किसी जुमले ने या जुमले के एक टुकड़े ने अचानक मुझमें बिजली पैदा कर दी है।

—हिंदुस्तान की कहानी, पृ. 101

❊ ❊ ❊

हम मुख्तलिफ मजहबों की मजहबी किताबों को किस नजर से देखें, जबकि इन मजहबवालों का यह खयाल है कि इनका ज्यादातर हिस्सा दैवी प्रेरणा से प्राप्त हुआ है—या नाजिल हुआ है? अगर हम उनकी जाँच-पड़ताल या नुक्ताचीनी करते हैं, और उन्हें आदमियों की रची हुई चीजें बताते हैं—तो कट्टर मजहबी लोग अकसर इससे बुरा मानते हैं।

—हिंदुस्तान की कहानी, पृ. 101

❊ ❊ ❊

धार्मिक नेता

महान् धार्मिक नेताओं ने करोड़ों के दिलों को हिला दिया है, और उसमें जोश की आग भर दी है। लेकिन यह सब-कुछ हमेशा श्रद्धा के आधार पर हुआ है। उन्होंने भावनाओं की अपील की है, और उन पर असर डाला है।

—विश्व इतिहास की झलक (भाग-1), पृ. 185

❊ ❊ ❊

धार्मिक सहिष्णुता

जब यूरोप ने सदियों की खूनखराबी और जुल्म के बाद धार्मिक सहनशीलता कायम कर ली है, हमारा अभागा देश पीछे जा रहा है—और उस पाठ को खुद ही भूल रहा है, जिसे इसने पुराने जमाने में दुनिया को सिखाया था। असहनशीलता की वजह हमेशा हमें एक-दूसरे को न समझना और गैर-जानकरी होती है। इसलिए हमें एक-दूसरे का इतिहास जानना चाहिए, और एक-दूसरे की पुरानी तहजीब समझनी चाहिए। भविष्य में हमें तभी कोई उम्मीद दिला सकता है, जब हम कदम मिलाकर चलना सीखें। आज हमारा खास दुश्मन विवेक की गैरहाजिरी है, और उसका लाजिमी नतीजा है मजहबी कट्टरता। इसलिए वे लोग जो विवेक में, इस देश की आजादी में, और इनसानी तरक्की में विश्वास रखते हैं—उन्हें जहाँ कहीं भी और जब भी यह दुश्मन दिखाई पड़े, उससे लड़कर उस पर फतह पानी होगी। तब हमारी एकता और प्रगति में कोई अड़चन या रुकावट नहीं रह पाएगी।

—जवाहरलाल नेहरू वाङ्मय (खंड-6), पृ. 434-435

❊ ❊ ❊

दूसरों के धार्मिक विश्वासों और मजहबी रीति-रस्मों के प्रति हमारे अंदर पूरी सहिष्णुता होनी चाहिए, जिसमें हर स्त्री-पुरुष को अपने धर्म-विश्वास पर कायम रहते हुए, उसकी मान्यता का इजहार करने और उसके मूजिव चलने की पूरी आजादी हो। धर्म के मामले में किसी के कोई भी विचार क्यों न हों, उसके लिए उसे सताना हरगिज नहीं चाहिए।

सहिष्णुता की पहली बुनियादी बात यह है कि सभी धर्मस्थानों की रक्षा की जाए, चाहे वे किसी भी धर्म के क्यों न हों, उसे उन्हें भ्रष्ट करने या उन पर हमला करने की काफी वजह नहीं माना जा सकता। इसलिए ऐसे सभी कामों की निंदा करनी चाहिए।

—जवाहरलाल नेहरू वाङ्मय (खंड-2), पृ. 172

❊ ❊ ❊

धार्मिक स्वतंत्रता

मजहब में, कट्टरपन और अंधविश्वास के लिए मेरे अंदर कोई मुहब्बत नहीं है—और मुझे खुशी है कि वे कमजोर पड़ते हैं। मुझे किसी भी शक्ल में सांप्रदायवाद से मुहब्बत नहीं है। मेरे लिए यह समझ पाना बड़ा मुश्किल है कि राजनीतिक या आर्थिक अधिकार—किसी एक मजहबी जमात या संप्रदाय के सदस्य होने पर निर्भर करें। धार्मिक स्वतंत्रता के अधिकार की, या अपने सांस्कृतिक हक की बात मैं पूरी तरह समझ सकता हूँ, और खास तौर से हिंदुस्तान में, जिसने हमेशा इन हकों को माना और दिया है, इनके जारी रखे जाने के रास्ते में कोई मुश्किल पेश नहीं होनी चाहिए। हमें सिर्फ ऐसा कोई

रास्ता खोज निकालना है, जिससे हम उस डर और अविश्वास को जड़ से उखाड़ फेंक सकें—जो आज क्षितिज को अंधकारपूर्ण किए हुए है। किसी गुलाम जाति की राजनीति के आधार, ज्यादातर डर और नफरत ही होते हैं—और हम इतने लंबे वक्त से गुलाम रहते आए हैं कि उनसे छुटकारा पाना आसान नहीं है।

—जवाहरलाल नेहरू वाङ्मय (खंड-4), पृ. 189

❊ ❊ ❊

मेरा जन्म हिंदू के रूप में हुआ, लेकिन मैं नहीं कह सकता कि अपने को हिंदू कहने में, या हिंदुओं की तरफ से मेरे बोलने में कहाँ तक औचित्य होगा। लेकिन इस देश में आज भी जन्म का महत्त्व है—और जन्म के अधिकार से, मैं हिंदुओं के नेताओं से यह कहने का जोखिम लूँगा कि उदारता से पहल करना उनके लिए फख्र की बात होनी चाहिए। उदारता न सिर्फ नैतिकता के लिहाज से बढ़िया चीज है, बल्कि अकसर यह बढ़िया राजनीति है, और कार्य-साधकता की दृष्टि से भी सही है। यह तो मेरी समझ में कभी भी नहीं आ सकता कि आजाद हिंदुस्तान में हिंदू कभी भी शक्तिहीन हो सकते हैं। जहाँ तक मेरी अपनी बात है, अपने मुसलमान और सिख दोस्तों से मैं खुशी से यह कह सकता हूँ कि उन्हें जो भी लेना हो वे शौक से लें, मेरी तरफ से न कोई उज्र होगा और न कोई हुज्जत होगी। मैं जानता हूँ कि वह वक्त नजदीक है, जब इन लेबलों और नामों का शायद ही कोई मतलब रह जाएगा। तब हमारी लड़ाई का आधार आर्थिक होगा। इस बीच हमारे जो भी आपसी समझौते हों, उनसे कुछ बनता-बिगड़ता नहीं, बशर्ते कि हम ऐसी दीवारें न खड़ी कर लें, जो हमारी आगे की तरक्की में रुकावट डालें।

—जवाहरलाल नेहरू वाङ्मय (खंड-4), पृ. 189-190

❊ ❊ ❊

नागरिक स्वतंत्रता

नागरिक स्वतंत्रता की हमारी कल्पना अब भी यही है कि हम सभी वर्गों के लोगों को अपने सिद्धांतों के प्रचार की पूरी स्वतंत्रता दें, बशर्ते कि वे हिंसात्मक कार्यों से बचे रहें। हमें इसकी चिंता नहीं कि उन सिद्धांतों से हम सहमत हैं या नहीं, यदि इसका परिणाम हिंसात्मक नहीं, तो हम उसके प्रचार की इजाजत देंगे। लेकिन यदि वैसा है, किसी-किसी दल के प्रचार का उद्देश्य हिंसा या विध्वंस है, तब आज्ञा न होगी—और यदि इस कारण नागरिक स्वतंत्रता को सीमित करना पड़ता है, तो यह सीमित की जाएगी, क्योंकि कोई दूसरा उपाय ही नहीं है।

—जवाहरलाल नेहरू के भाषण (खंड-1), पृ. 86-87

❊ ❊ ❊

हम एक व्यापक रूप में, नागरिक स्वतंत्रता के लिए प्रतिज्ञाबद्ध हैं। जब तक कि

नागरिक स्वतंत्रता का खूब विस्तार नहीं हो, देश में असली स्वतंत्रता नहीं हो सकती। *—जवाहरलाल नेहरू के भाषण (खंड-1), पृ. 86*

❊ ❊ ❊

निरोग

हर आदमी का फर्ज है कि वह तंदुरुस्त और मजबूत रहे। मुझे बीमारी या कमजोरी से हमेशा नफरत रही है। मैं किसी की बीमारी से नफरत नहीं रखता। मैं यह इसलिए कह रहा हूँ, कि बहुत से लोग यह खयाल करते हैं कि बीमार और कमजोर होना अमीरी की निशानी है। मैं चाहता हूँ कि नौजवान और बूढ़े सब तंदुरुस्त, मजबूत और चुस्त रहें, मैं सबको जिस्मानी तौर पर अब्बल दरजे का राष्ट्रीय देखना पसंद करता हूँ। मेरा खयाल है कि जब तक सबकी जिस्मानी सेहत ठीक नहीं, तब तक हम अमली तौर पर दिमागी तरक्की नहीं कर सकते। *—नेहरू और नई पीढ़ी : हरिदत्त शर्मा, पृ. 172*

❊ ❊ ❊

निर्भर नहीं

हम किसी के साथ बँधे नहीं हैं। हम जहाँ तक हो सकता है, समस्याओं पर उन्हीं के गुण-दोष के आधार पर विचार करते हैं। किसी दूसरे की दृष्टि से नहीं, जो कि अब बहुत आम बात होती जा रही है।

—जवाहरलाल नेहरू के भाषण (खंड-1) पृ. 187

❊ ❊ ❊

नीति

कुटिलता की नीति अंत में चलकर फायदेमंद नहीं होती। हो सकता है कि अस्थायी तौर पर इससे कुछ फायदा हो जाए।

—जवाहरलाल नेहरू के भाषण (खंड-1), पृ. 201

❊ ❊ ❊

न्यायसंगत वितरण

केवल उत्पादन पर्याप्त नहीं, क्योंकि इसका परिणाम यह हो सकता है कि संपत्ति खिंचकर कुछ थोड़े से हाथों में आ जाए। उन्नति के मार्ग में वह बाधक होगा, और आज के प्रसंग में अस्थिरता और संघर्ष उत्पन्न करेगा। अतएव समस्या को हल करने के लिए, उचित और न्यायसंगत वितरण अत्यंत आवश्यक है।

—जवाहरलाल नेहरू के भाषण (खंड-1), पृ. 6

❊ ❊ ❊

पत्रकारिता की भूमिका

आज के जमाने में, सार्वजनिक जीवन में पत्रकारिता और पत्रकारों की भूमिका बड़ी

महत्त्वपूर्ण है। हिंदुस्तान में या तो सरकार के जरिए या अखबारों के मालिकों के जरिए, या फिर विज्ञापनदाताओं के दबाव से—तथ्यों के दबाए जाने की संभावना है, जोकि मैं इस बात का बुरा नहीं मानता कि अखबार अपनी नीति के मुताबिक किसी खास तरह की खबरों को तरजीह दें; लेकिन मैं खबरों को दबाए जाने के खिलाफ हूँ, क्योंकि इससे दुनिया की घटनाओं के बारे में सही राय बनाने का एकमात्र साधन जनता से छिन जाता है।

—जवाहरलाल नेहरू वाङ्मय (खंड-7), पृ. 405

* * *

परंपरा

परंपरा में बहुत कुछ अच्छाई होती है, लेकिन कभी-कभी वह एक भयंकर बोझ बन जाती है, जिसकी वजह से हमारी प्रगति मुश्किल हो जाती है। जो अटूट जंजीर धुँधले और प्राचीन अतीत से हमारा संबंध जोड़ती है—उसकी कल्पना करने से, और तेरह सौ वर्ष पहले से लिखे हुए इन मेलों के—जो उस समय भी पुरानी परंपरा से चले आ रहे थे—हाल-चाल पढ़ने से चित्त मोहित हो जाता है। लेकिन इस जंजीर में एक आदत यह है कि जब हम आगे बढ़ना चाहते हैं, तो यह हमारे पैरों में लिपट जाती है, और हमें इस परंपरा के शिकंजे में कसकर कैदी जैसा बना देती है। यह सच है कि अपने अतीत से जोड़नेवाली बहुत-सी लड़ियों को हमें कायम रखना पड़ेगा। लेकिन यह परंपरा हमें आगे बढ़ने से रोकने लगे, तो हमें उसके कैदखाने को तोड़कर बाहर भी निकलना होगा।

—विश्व इतिहास की झलक (भाग-1), पृ. 36-37

* * *

परिवर्तन

परिवर्तन अनिवार्य है, लेकिन निरंतरता भी आवश्यक है। विगत और वर्तमान में जो नींव रखी जाती है, उस पर भविष्य का निर्माण होता है। अतीत को निकालना और इससे अपने-आपको बिलकुल काट लेने का मतलब है, अपना उन्मूलन और अपने जीवन-रस को सुखा डालना।

—जवाहरलाल नेहरू के भाषण (खंड-1), पृ. 51

* * *

परिवर्तन का चक्र घूमता रहता है और जो नीचे थे, वे ऊपर आ जाते हैं, और जो ऊपर थे वे नीचे गिर जाते हैं।

—विश्व इतिहास की झलक

* * *

बच्चा जब बड़ा हो जाता है, तो पुराने कपड़े उसे नहीं अंटते। अगर उसे कपड़े पहनाने हैं तो नए सिलवाने होंगे। जबरदस्ती उसे पुराने कपड़े नहीं पहनाए जा सकते, क्योंकि या तो वह उन्हें फाड़ देगा, या फिर वे उसे आएँगे ही नहीं। उसी तरह समाज का मौजूदा ढाँचा ऐसा है—कि जल्दी ही इसके चीजों के पुराने तरीके काम के नहीं हो सकते—नहीं होंगे, और यह जरूरी है कि जल्दी ही इसके लिए कुछ किया जाए।

—जवाहरलाल नेहरू वाङ्मय (खंड-7), पृ. 212

❊ ❊ ❊

संसार में कोई भी वस्तु—जिसमें जान है, अपरिवर्तनीय नहीं रह सकती। संपूर्ण प्रकृति दिन-प्रतिदिन, क्षण-प्रतिक्षण बदलती है, केवल मृत ही बढ़ने से रुकते हैं। और वे निश्चल हो जाते हैं। ताजा पानी बहता रहता है, और यदि आप उसे रोक दें तो वह बँधकर गंदा हो जाता है। मनुष्य जाति की और राष्ट्र की जिंदगी का भी यही हाल है।

—विश्व इतिहास की झलक (भाग-1), पृ. 15

❊ ❊ ❊

परिश्रम

अगर हम इस देश की गरीबी को दूर करेंगे, तो कानूनों से नहीं, शोरगुल मचाके नहीं, शिकायत करके नहीं, बल्कि मेहनत करके। एक-एक आदमी बूढ़ा और छोटा, मर्द, औरत और बच्चा मेहनत करेगा। हमारे सामने आराम नहीं है।

—लालकिले के प्राचीर से (भाग-1), पृ. 20

❊ ❊ ❊

अफसोस यह है कि पैसा आजकल की जिंदगी में एक जरूरी चीज है। लेकिन आखिर में इनसान के पास जो दौलत है, वह उसकी मेहनत है, दिमाग की काबलियत है और हाथ-पैर की मेहनत करने की ताकत है। आप और हम अपनी मेहनत से दौलत पैदा करते हैं, सोना-चाँदी कोई बच्चे पैदा नहीं करते।

—लालकिले के प्राचीर से (भाग-1), पृ. 39

❊ ❊ ❊

कोई देश धनी कैसे होता है? लोगों की मेहनत से। जितने ज्यादा मेहनती काम करनेवाले आदमी किसी देश में हों, उतनी ही दौलत वह अपने काम से पैदा करते हैं और देश धनी होता है। जितने ऐसे लोग हों जो मेहनत नहीं करते हैं, वह देश को गरीब करते हैं और उसके ऊपर बोझा हो जाते हैं।

—जवाहरलाल नेहरू वाङ्मय (खंड-3), 371

❊ ❊ ❊

जब तक हम जैसे लोग अपने हाथ में फावड़ा लेकर खुदाई करने को खुद को मजबूर नहीं करते, तब तक न तो हमारे लिए और न हमारे मुल्क के लिए ही कोई अच्छी बात होगी। हम समझते हैं कि हम बहुत चालाक और अक्लमंद हैं, क्योंकि हम दफ्तर में बैठकर, हाथ में फाउंटेनपेन पकड़कर काम करते हैं। इस विचार से आखिर में चलकर सारे राष्ट्र का अहित होगा कि क्लर्की का काम दूसरे कामों से अच्छा है।

—जवाहरलाल नेहरू के भाषण (खंड-1), पृ. 215

❊ ❊ ❊

जो असली दौलत है, वह इनसान की मेहनत है; और हमारे पास अगर मुल्क में सोना-चाँदी काफी नहीं है, तो इनसान तो काफी तगड़े और काम करनेवाले हैं। क्यों न हम उनके उस काम से और मेहनत से और नई दौलत पैदा करें, जो उनके पास पहुँचे और मुल्क आगे बढ़े ? आखिर में कोई देश अपनी मेहनत से, अपने बाजू के बल से चल सकता है, औरों के नहीं।

—लालकिले के प्राचीर से (भाग-1), पृ. 39

❊ ❊ ❊

स्वराज्य आया, आजादी आई तो यह न समझिए कि हमारे-आपके आराम करने का समय आया। नहीं, मेहनत करने का समय आया है। लेकिन उस मेहनत में और दूसरी मेहनत में एक बड़ा फर्क है। एक मेहनत है एक गुलाम की मेहनत, एक मेहनत है निर्माण के लिए आजाद आदमी की मेहनत। हमें अपने को बनाना है और अपने देश को बनाना है, और आइंदा नसलों के लिए एक बड़ी मजबूत इमारत खड़ी करनी है। यह मेहनत और शुभ मेहनत है, अच्छी मेहनत है, जो दिल को भाती है। और फिर इस मेहनत में एक-एक ईंट और एक-एक पत्थर जो हम रखते हैं, याद रखिए, हम और आप गुजर जाएँगे, लेकिन वे ईंट और पत्थर कायम रहेंगे, और आइंदा सैकड़ों वर्ष बाद भी वे एक यादगार होंगे, और दुनिया के सामने और हमारी आइंदा नसलों के सामने इस शक्ल में होंगे कि एक जमाना आया था, जबकि आजाद हिंदुस्तान की बुनियाद इस तरह से पड़ी और जब इस तरह मेहनत से, पसीने से, खून बहाकर भारत की यह इमारत बनी।

—लालकिले के प्राचीर से (भाग-1), पृ. 20

❊ ❊ ❊

पारस्परिक फूट

हमने मानव अध्यवसाय के हर क्षेत्र में—विचार में, कर्म में, कला में साहित्य में, संगीत में महान् पुरुष पैदा किए। फिर भी हम इस सारी महानता का लाभ इस कारण नहीं उठा सके हैं कि हममें फूट रही है, और अपने-अपने रास्ते चलने की प्रवृत्ति रही है।

इसलिए हम दुर्बल रहे, और अकसर बाहर से आनेवाले विदेशियों ने हमको दबाकर गुलाम बनाए रखा। मेरे विचार में यह कहना सही होगा कि जो भी विदेशी यहाँ आए, वे शायद ही हिंदुस्तान को वास्तव में जीत सके हों। अंग्रेज भी, कहीं और अधिक बढ़िया हथियारों के बावजूद, हमें वास्तव में नहीं जीत सके। उन्होंने सिर्फ हिंदुस्तान की फूट का फायदा उठाया, और जो भी आया उसने भी ऐसा ही किया।

— जवाहरलाल नेहरू के भाषण (खंड-1), पृ. 46

❊ ❊ ❊

पुराण-कथाएँ

पुराणों की कथाओं और वीरगाथाओं में—सच्चाई पर अड़े रहने और चाहे जैसा जोखिम होने पर भी अपने वचन का पालन करने, मृत्यु तक और उसके बाद भी वफादारी न छोड़ने, साहसी और अच्छे काम करने और लोकहित के लिए त्याग करने की शिक्षाएँ दी गई हैं। कभी-कभी तो ये कहानियाँ बिलकुल खयाली होती हैं, कभी उनमें घटनाओं और कल्पनाओं का मेल-जोल रहता है—किसी ऐसी घटना का, जिसे परंपरा ने महफूज रखा है, बढ़ा-चढ़ा बयान होता है। सच्ची घटनाएँ और गढ़े हुए किस्से इस तरह एक-दूसरे से मिल गए हैं, कि दोनों अंशों को अलग करना गैर-मुमकिन है।

—हिंदुस्तान की कहानी, पृ. 133

❊ ❊ ❊

पुराना समाज

संग्रह की प्रवृत्तिवाला पुराना समाज, लाभ के लालच पर आधारित था।

— जवाहरलाल नेहरू के भाषण (खंड-1), पृ. 54

❊ ❊ ❊

पुस्तकें

किताबों का पढ़ना बहुत कुछ किसी खास आदमी पर मुनहसिर होता है—उसकी आम पसंद और उसके खास मिजाज पर। किसी किताब का मजा लेने के लिए, उसे फर्ज की तरह पढ़ने की मजबूरी नहीं होनी चाहिए। उसे नापसंद करने का और साथ-ही-साथ तमाम पढ़ाई के खिलाफ तास्सुब पैदा करने का यह सबसे यकीनी तरीका है। हमारे इम्तिहानों और कोर्स की किताबों का अकसर यही नतीजा होता है।

— जवाहरलाल नेहरू वाङ्मय (खंड-6), पृ. 318

❊ ❊ ❊

पूँजीवाद

जब 'पूँजीवाद' शब्द का समझदारी के साथ इस्तेमाल किया जाता है, तो इसका एक ही मतलब हो सकता है—वह सरमायदारी सिलसिला जो औद्योगिक क्रांति के (जो डेढ़ सौ साल पहले इंग्लैंड में शुरू हुई) बाद से आगे बढ़ा है। इसका मतलब है औद्योगिक पूँजीवाद। हाल में एक परिभाषा और दी गई है (जी.डी.एच. कौल के जरिए)—पूँजीवाद का मतलब है, पैदावार के साधनों की निजी मालकियत की बिना पर, फायदे के लिए, जाने वाली पैदावार की विकसित प्रणाली। बुनियादी तौर पर, इससे इफरात की जगह कमी होती है। जो पूँजीवाद अकसर अलग-अलग चीजों को सस्ती करने के रास्ते खोजा करता है। इसके लिए फायदा ही पैदावार का मकसद है और लाजिमी तौर पर वह मजदूरी को लागत मानता है—जिसे जितना मुमकिन हो, उतना परखा जाए और इसीलिए ज्यादा खरीददारी की ताकत पर रोक लगा देता है।

—जवाहरलाल नेहरू वाङ्मय (खंड-6), पृ. 20-21

* * *

पूँजीवाद की—जो इतने ज्यादा अरसे से दुनिया के ऊपर हावी हो रहा है—अब शाम होने को आई है। जिस दिन यह खत्म होगा और खत्म तो उसे जरूर ही होना पड़ेगा—वह अपने साथ बहुत-सी बुराइयों को भी लेता जाएगा।

—विश्व इतिहास की झलक (भाग-1) पृ. 91

* * *

पूँजीवाद ने धन बटोरने के लालच और उन सहज प्रेरणाओं को उभारा, जिनसे अब हम छुटकारा पाना चाहते हैं। शुरू के दौर में इसने काफी भलाई भी की, और पैदावार में काफी बढ़ती करके रहन-सहन का दर्जा ऊँचा किया। दीगर तरीकों से भी इसने अच्छा काम किया, और पहले के वक्त से बेशक यह तरक्की का वक्त था। लेकिन ऐसा लगता है कि यह जरूरत से ज्यादा टिक चुका है, और आज न सिर्फ समाजवाद की ओर जानेवाले हर रास्ते की रुकावट बन रहा है, बल्कि हमारी बहुत सी अनचाही आदतों और सहज प्रेरणाओं को बढ़ावा दे रहा है। मैं नहीं समझ पाता कि जिस समाज की बुनियाद धन के लालच पर टिकी हुई है, और जिसकी सबसे बड़ी चाह मुनाफा कमाना है, उसमें हम लोग किस तरह समाजवादी रास्ते पर चल सकेंगे! इस तरह जहाँ तक हो सके, धन जोड़ने से लालचवाले समाज की बुनियाद बदलना, और मुनाफे के मकसद से बाज आना हमारे लिए जरूरी होता है, ताकि हम नई और ज्यादा अच्छी आदतें और सोच के तरीके विकसित कर सकें। इसके लिए पूँजीवादी प्रणाली से पूरी तरह अलगाव जरूरी है।

—जवाहरलाल नेहरू वाङ्मय (खंड-7), पृ. 64

* * *

पूर्वज

हमारे महान् पूर्वज बहुत साहसी थे। विचार के क्षेत्र में तो उन्होंने आकाश को भी बेध डाला। तो वे किसी प्रकार के विचार से डरते नहीं थे, किसी अंधविश्वास से वे बँधे नहीं थे। उन्होंने सारे देश के लिए अत्यंत समृद्ध और सुंदर भाषा का विकास किया।

—जवाहरलाल नेहरू के भाषण (खंड-1), पृ. 48

❋ ❋ ❋

पृथकता

हमारे इतिहास के दीर्घकाल में, यह दुर्भाग्य रहा है कि हम टुकड़े-टुकड़े में बँटे रहे—पृथकता के शिकार रहे, और इसका नतीजा हुआ कि भारत की महान् शक्ति अंदरूनी झगड़ों, और बहस-मुबाहसे, और संकीर्ण और पृथकतावादी प्रवृत्तियों में खत्म हो गई। निश्चय ही हमें भारत के इतिहास से कुछ सबक लेना चाहिए।

—जवाहरलाल नेहरू के भाषण (खंड-1), पृ. 45

❋ ❋ ❋

प्रजातंत्र

जो लोग ऊपरी चोटी पर हैं और जो लोग नीचे जमीन पर हैं—उनके बीच बहुत बड़ी खाई है। अगर हम प्रजातंत्र लाना चाहते हैं, तो यह जरूरी और अनिवार्य हो जाता है कि न केवल इस खाई को पार किया जाए, बल्कि इसकी गहराई को भी पाटा जाए। वास्तव में, जहाँ तक अवसरों का संबंध है, जहाँ तक रहन-सहन की स्थिति का संबंध है—और जहाँ तक जीवन की आवश्यकताओं का संबंध है—उन्हें अधिक-से-अधिक नजदीक लाया जाए।

—जवाहरलाल नेहरू के भाषण (खंड-1), पृ. 28

❋ ❋ ❋

प्रजातंत्रवाद

प्रजातंत्रवाद में हमेशा जनता को मालूम होना चाहिए कि क्या हम करते हैं, क्या हम सोचते हैं—और वह उसको पसंद होना चाहिए।

—लालकिले के प्राचीर से (भाग-1), पृ. 3

❋ ❋ ❋

प्रतिज्ञा

प्रतिज्ञाएँ करना मुझे पसंद नहीं है, और मैं यह महसूस करता हूँ कि उनसे हमें ज्यादा मदद नहीं मिलती। थोड़े-से ईमानदार लोग उन्हें निभाते हैं, दूसरे लोग जब मरजी होती है उन्हें तोड़ देते हैं, और प्रतिज्ञा करके उससे डिगने की वजह से उनकी गिरावट

उतनी ही ज्यादा होती है। इसलिए जाती तौर पर मैं किसी प्रतिज्ञा पर जोर नहीं देना चाहता।

—जवाहरलाल नेहरू वाङ्मय (खंड-4), 137

* * *

प्रयोगशालाएँ

मेरे विचार से, सुंदर और आकर्षक इमारतें भी विज्ञान की कुछ सेवा अवश्य करती हैं, फिर भी जैसा कि डॉ. रमण ने हमें अकसर याद दिलाया है कि विज्ञान की रचना भवन नहीं करते। ईंट और गारा नहीं, बल्कि मनुष्य विज्ञान को बनाता है; किंतु यह अवश्य है कि अच्छे यंत्र आदि से सज्जित इमारतें, कुशलता के साथ काम करने के लिए, और आगे के लिए लोगों को प्रशिक्षण देने के लिए, इन सुंदर प्रयोगशालाओं का होना अभीष्ट है। *—जवाहरलाल नेहरू के भाषण (खंड-1), पृ. 95*

* * *

प्रांतीयता

हमें प्रांतीयता को भूलना है; अगर हम प्रांत को अलग बढ़ाएँगे और सूबे को अलग बढ़ाएँगे—तो देश को हम नीचे करते हैं। हमें तो देश के हित को सबसे आगे रखना है। इस बात को याद रखें, कि अगर हिंदुस्तान बढ़ता है, तो हम सब बढ़ते हैं, और अगर हिंदुस्तान नहीं बढ़ता तो कोई नहीं बढ़ता—चाहे हमारा प्रांत या जिला आगे हो या पीछे हो।

—लालकिले के प्राचीर से (भाग-1), पृ. 53

* * *

प्राचीन साहित्य

हमारी बड़ी बदकिस्मतियों में एक यह है कि हम यूनान में, हिंदुस्तान में और सभी जगह, दुनिया के पुराने साहित्य का एक बड़ा हिस्सा खो बैठे हैं। शायद इससे बचत न थी, क्योंकि शुरू में किताबें ताड़पत्रों पर, या भोजपत्र या जो भूर्ज वृक्ष की छाल होती थी, लिखी जाती थीं, और इनके छिलके बहुत आसानी से उचड़ जाते थे—और कागज पर लिखने का रिवाज बाद में हुआ। किसी भी किताब की चंद प्रतियों से ज्यादा न होतीं, और अगर वे नष्ट हो जातीं तो वह रचना ही गुम हो जाती, और उसका पता हमें महज उन हवालों या उद्धरणों से मिलता, जो उसके बारे में और पुस्तकों में होते। फिर भी पचास-साठ हजार संस्कृत की लिखी पुस्तकों या उनके रूपातंरों का पता लग चुका है, और उनकी सूची बन चुकी है, और नए-नए ग्रंथ बराबर मिलते जा रहे हैं।

—हिंदुस्तान की कहानी, पृ. 126-127

* * *

पुलिस

हिंदुस्तान में इधर एक अरसे से, पुलिसवाले लाठी का इस्तेमाल काफी ज्यादा करने लगे हैं। ऐसा लगता है मानो वह इस नतीजे पर पहुँच गए हों, कि लोगों को जेल का डर नहीं रहा। अब वे जेल ले जाने से पहले हममें से कुछ के सिर तोड़ डालना चाहते हैं। लाठी का यह गलत इस्तेमाल लाला लाजपतराय को पीटने से शुरू किया गया, और दिन-पर-दिन इसका और भी बुरा इस्तेमाल होता जा रहा है। मुझे बताया गया है कि पुलिस जब वालंटियरों पर लाठियाँ चला रही थीं, तब लाहौर का डिप्टी-कमिश्नर अपना पाइप पी रहा था। अफसरान का दिमाग मेरी समझ में नहीं आता। यह कैसा बरताव है कि वालंटियरों को पीटा भी जाए, और फिर जेल भी ले जाया जाए?

—जवाहरलाल नेहरू वाङ्मय (खंड-4), पृ. 25

❊ ❊ ❊

फौज

हमारा मुल्क इसलिए अपनी फौज और लड़ाई का सामान तैयार नहीं करता कि किसी को गुलाम बनाए, बल्कि इसलिए कि अपनी आजादी को बचा सके, और अगर जरूरत हो तो दुनिया की आजादी में मदद कर सके। बहुत दिन तक हम गुलाम रहे, उससे हमें गुलामी से नफरत हुई। तो फिर भला हम औरों को गुलाम कैसे बना सकते हैं?

—लालकिले के प्राचीर से (खंड-1), पृ. 6

❊ ❊ ❊

बहस और कार्य

हिंदुस्तान में ज्यादातर बुद्धिजीवी और दार्शनिक लोग हैं, जो कि कर्म और अकर्म की योजनाओं पर विचार कर रहे हैं, और जो कि बिना निश्चित कर्म के गरमागरम भाषण देते हैं। उनमें उत्तेजना भी है; लेकिन गरमी और उत्तेजना महज उनके व्याख्यानों में है, ओर किसी दिशा में नहीं।

—जवाहरलाल नेहरू वाङ्मय, पृ. 236

❊ ❊ ❊

बाह्य हस्तक्षेप

हम किसी मुल्क के आंतरिक या दूसरे मामलों में दखल देना नहीं चाहते। दुनिया के मामलों में हमारा मुख्य हित शांति, और यह देखना है कि जातीय एकता हो, और जो लोग अभी तक गुलाम हैं वे आजाद हो जाएँ, और बाकी किसी चीज के लिए हम दुनिया में दखल देना नहीं चाहते, और यह भी नहीं चाहते कि दूसरे लोग हमारे मामलों में दखल दें। हाँ, अगर किसी तरह का सैनिक, राजनीतिक या आर्थिक हस्तक्षेप होगा तो हम उसको रोकेंगे।

—जवाहरलाल नेहरू वाङ्मय (खंड-1), पृ. 187

❊ ❊ ❊

बुद्ध

बुद्ध में प्रचलित धर्म, अंधविश्वास, कर्मकांड और यज्ञ आदि की प्रथा पर, और इसके साथ जुड़े हुए निहित स्वार्थों पर हमला करने का साहस था। उन्होंने आधिभौतिक और स्वार्थी नजरिए का, करामातों का, इलहाम, अलौकिक व्यापार आदि का विरोध किया। दलील, अकल और तजुरबे पर उनका आग्रह था, और उन्होंने नीति या इखलाक पर जोर दिया। उनका तरीका था—मनोवैज्ञानिक विश्लेषण का, और इस मनोविज्ञान में आत्मा को जगह नहीं दी थी। उनका नजरिया, आधिभौतिक कल्पना की बासी हवा के बाद पहाड़ की ताजा हवा के हलके थपेड़े सा जान पड़ता है।

—हिंदुस्तान की कहानी, पृ. 148-149

❋ ❋ ❋

बौद्ध-चिंतन

बुद्ध का ढंग मनोवैज्ञानिक विश्लेषण का ढंग था, और यहाँ भी यह देखकर अचरज होता है—कि आज के विज्ञान की नई-से-नई खोजों के कितने निकट उनकी सूझ-बूझ थी। आदमी की जिंदगी पर विचार और जाँच, बिना किसी स्थायी आत्मा के लिहाज के होती है; क्योंकि अगर किसी ऐसी आत्मा की सत्ता है भी, तो वह हमारी समझ से परे है; मन को शरीर का अंग, मानसिक शक्तियों की एक मिलावट समझा जाता था। इस तरह से व्यक्ति मानसिक स्थितियों की एक गठरी बन जाता है।

—हिंदुस्तान की कहानी, पृ. 171

❋ ❋ ❋

बौद्ध-धर्म

बौद्ध-धर्म, जो हिंदुस्तानी विचार और संस्कृति की उपज का एक नमूना है, एक नकारात्मक या जिंदगी से इनकार करनेवाला सिद्धांत होता तो जरूर ही उसका इस तरह का असर उन करोड़ों लोगों पर पड़ा होता, जो उसके माननेवाले हैं। लेकिन दरअसल,बौद्ध मजहबवाले मुल्कों में हमें इसके खिलाफ सबूत मिलते हैं, और चीनी लोग इस बात की जीती-जागती मिसाल हैं कि जिंदगी से इकरार करना किसे कहते हैं।

—हिंदुस्तान की कहानी, पृ. 109

❋ ❋ ❋

भय

किसी तरह का भी फायदा नहीं हो सकता, यदि हम आपस में हर वक्त एक कशमकश में रहें, और एक-दूसरे से नाराज हों, नफरत करें। नफरत का नतीजा अच्छा नहीं है, डर का नतीजा अच्छा नहीं। डर को अपना साथी न बनाइए। गलत साथी है वह!

—लालकिले के प्राचीर से (भाग-1), पृ. 57-58

❋ ❋ ❋

जब कोई व्यक्ति भय अनुभव करता है, तो उसके बुरे और अनिष्टकर नतीजे जरूर निकलते हैं। भय अच्छा साथी नहीं है। यह आश्चर्य की बात है कि भय की यह भावना बड़े-बड़े देशों पर अधिक व्याप्त दिखाई देती है। भय और युद्ध का भारी भय, और बहुत सी बातों का भय।

—जवाहरलाल नेहरू के भाषण (खंड-1), पृ. 173

❋ ❋ ❋

भय लोगों को अंधा और खतरनाक बना देता है।

—विश्व इतिहास की झलक (भाग-1), पृ. 520

❋ ❋ ❋

मेरे खयाल में, सारी बुराई की जड़ डर है। इससे लड़ाई और हिंसा का जन्म होता है। हिंसा और झूठ इसी की प्रतिक्रिया है। हमारे पुराने ग्रंथों में कहा है कि सबसे बड़ा दान अभयदान है। जो आदमी निर्भय है, उसके विचार और काम भी शुद्ध होते हैं।

—नेहरू और नई पीढ़ी : हरिदत्त शर्मा, पृ. 229

❋ ❋ ❋

भविष्य

कोई भी आदमी या मुल्क विपरीत परिस्थितियों में, हमेशा गुजरे जमाने के अपने सुनहरे दिनों की याद करता और मामूली तौर पर बढ़ा-चढ़ाकर उनका बखान करता है। हिंदुस्तान भी इस नियम का अपवाद नहीं है, और उसका अपने पुरखों की बहुत-सी कारगुजारियों पर गौरव अनुभव करके उसका इजहार करना बेकार नहीं है। यकीनन नए हिंदुस्तान की मनोवृत्ति को समझने के लिए हिंदुस्तान के बीते इतिहास को देखना जरूरी है। इससे इस बात को देखने में भी हमें मदद मिलेगी कि बारंबार जो यह कहा जाता है कि हिंदुस्तान कभी एक राष्ट्र नहीं रहा, और अंग्रेजों के यहाँ आने तक वह हमेशा अराजकता तथा हमलों का ही शिकार रहा—उसमें कितनी सच्चाई है।

—जवाहरलाल नेहरू वाङ्मय (खंड-2), पृ. 245

❋ ❋ ❋

धर्म के कारण हमारे अंदर अज्ञान और रूढ़िवाद है, जिसके कारण अपनी ओर से हम कुछ सोचने को ही तैयार नहीं होते और बीते जमाने के गौरव की भावना भी हमें आगे तरक्की के लिए तैयार नहीं होने देती। यह बात नहीं कि हमारा गुजरा जमाना गौरवपूर्ण नहीं था, लेकिन तरक्की के लिए तो हमें उसको भूलकर, वर्तमान और भविष्य को ही देखना होगा।

—जवाहरलाल नेहरू वाङ्मय (खंड-2), पृ. 239

❋ ❋ ❋

भारत

इतिहास के उषाकाल में भारत ने अपनी अनंत खोज आरंभ की। दुर्गम सदियाँ उसके उद्योग, उसकी विशाल सफलता और उसकी असफलताओं से भरी मिलेंगी। चाहे अच्छे दिन रहे हों, चाहे बुरे—उसने इस खोज को आँखों से ओझल नहीं होने दिया; न उन आदर्शों को ही भुलाया, जिनसे उसे शक्ति प्राप्त हुई। आज हम दुर्भाग्य की एक अवधि पूरी करते हैं, और भारत ने अपने आपको फिर पहचाना है।

— जवाहरलाल नेहरू के भाषण (खंड-1), पृ. 3

* * *

इस महान् देश को हमें एक शक्तिशाली राष्ट्र के रूप में खड़ा करना है, और शक्तिशाली के सामान्य अर्थ में ही नहीं—अर्थात् बड़ी-बड़ी फौजें इत्यादि का होना ही नहीं, बल्कि विचारों की दृष्टि से शक्तिशाली, कर्मठता की दृष्टि से शक्तिशाली और संस्कृति की दृष्टि से शक्तिशाली—मानव की शांतिपूर्वक सेवा करने के लिए शक्तिशाली बनाना है।

— जवाहरलाल नेहरू के भाषण (खंड-1), पृ. 49

* * *

भारत एक ऐसा देश है, जिसने अपने इतिहास में हमेशा बहुत जबरदस्त आंतरिक शक्ति का परिचय दिया है। इसने दूसरे देशों में अपनी सांस्कृतिक छाप भी डाली है, लेकिन हथियारों के बल पर नहीं, बल्कि अपनी सांस्कृतिक सभ्यता और जीवंतता के बल पर।

— जवाहरलाल नेहरू के भाषण (खंड-1), पृ. 186

* * *

भारत है क्या ? यह सवाल बार-बार मेरे दिमाग में आता रहा है। अपने इतिहास के आरंभिक काल ने मेरे मन में आश्चर्य पैदा किया है। यह एक पुरुषार्थी और शक्तिशाली जाति का अतीत था, जो खोज की भावना से और अबाध जिज्ञासा की प्रेरणा से भरपूर थी; और अपने साथ इतिहास के आरंभ से ही इसने एक परिपक्व तथा सहिष्णु सभ्यता का परिचय दिया। जीवन और इसके आनंद, तथा दायित्वों को स्वीकार करते हुए हमने हमेशा अनंत और असीम की ही खोज की। इसने संस्कृत जैसी समृद्ध भाषा की रचना की, और इसने इस भाषा, अपनी कलाओं और वास्तुविद्या के द्वारा दूर-दूर के देशों तक अपना जीवनदायी संदेश भेजा। इसने उपनिषदों, गीता और बुद्ध को जन्म दिया।

— जवाहरलाल नेहरू के भाषण (खंड-1), पृ. 50

* * *

मुझे भारत पर गर्व है, न केवल उसकी प्राचीन शानदार विरासत के कारण, बल्कि इस कारण भी कि उसमें—अपने मन और आत्मा के कानों और खिड़कियों को, दूर देशों से आनेवाली ताजा और शक्तिदायिनी हवाओं के प्रति खुला रखने की आश्चर्यजनक सामर्थ्य है। भारत की शक्ति दोहरी रही है: एक तो उसकी अपनी आंतरिक संस्कृति है, जो कि युगों में पुष्पित हुई है, दूसरे, और स्रोतों से शिक्षा प्राप्त करके उसे अपना बनाने में डूब नहीं सकती, और उसमें इतनी बुद्धिमत्ता है कि वह अपने को उनसे अलग-थलग नही होने देती, इसलिए भारत के सच्चे इतिहास में निरंतर समन्वय दिखाई देता है, और जो अनेक राजनैतिक परिवर्तन हुए हैं, उन्होंने इस विभिन्न परंतु मूलत : सम्मिश्र संस्कृति के विकास पर विशेष असर नहीं डाला है।

—नेहरू और नई पीढ़ी : हरिदत्त शर्मा, पृ. 83

❋ ❋ ❋

भारत की सेवा

भारत की सेवा का अर्थ करोड़ों पीड़ितों की सेवा है। इसका अर्थ दरिद्रता और अज्ञान, और अवसर की विषमता का अंत करना है। हमारी पीढ़ी के सबसे बड़े आदमी की यह आकांक्षा रही है—कि प्रत्येक आँख के प्रत्येक आँसू को पोंछ दिया जाए। ऐसा करना हमारी शक्ति से बाहर हो सकता है, लेकिन जब तक आँसू हैं और पीड़ा है, तब तक हमारा काम पूरा नहीं होगा। *—जवाहरलाल नेहरू के भाषण (खंड-1), पृ. 3*

❋ ❋ ❋

भारत की स्वतंत्रता

जब आधी रात के घंटे बजेंगे, जबकि सारी दुनिया सोती होगी, उस समय भारत जगकर जीवन और स्वतंत्रता प्राप्त करेगा। एक ऐसा क्षण होता है, जोकि इतिहास में कम ही आता है, जबकि हम पुराने को छोड़कर नए जीवन में पग धरते हैं, जबकि एक युग का अंत होता है, जबकि यह उचित है कि इस गंभीर क्षण में हम भारत और उसके लोगों, और उससे भी बढ़कर मानवता के हित के लिए सेवा अर्पण करने की शपथ लें।

—जवाहरलाल नेहरू के भाषण (खंड-1), पृ. 3

❋ ❋ ❋

भारत के भविष्य की नींव

हमें भारत की इस विशाल इमारत को दृढ़ नींव पर बनाने की बात सोचनी है। लेकिन नींव रखने का कार्य आरंभ करने से पहले ही हमें दैत्यों-जैसी बाधाओं और विघ्नों का सामना करना पड़ा, और उनसे लड़ना पड़ा—और अगर उन्हें मार डालना नहीं

तो कम-से-कम निष्क्रिय करना पड़ा। आगे भी बहुत से अन्य जंतुओं का हमें सामना करना पड़ा है। फिर भी भविष्य के भारत की नींव आज पड़ रही है। और अगर हम उसे कुछ ऐसी बातें करके खतरे में डाल दें, जो कि सुखकर भले ही हों, लेकिन जिनके प्रतीक्षित नतीजे कल कुछ-के-कुछ निकलें तो भविष्य में अपने विश्वास के प्रति हम झूठे होंगे।

— जवाहरलाल नेहरू के भाषण (खंड-1), पृ. 94

❋ ❋ ❋

भारतमाता

हर किसी ने भारतमाता की तसवीर देखी है। उसे एक सुंदर नारी के रूप में चित्रित किया गया है। लेकिन भारतमाता दरअसल भूखों और भूख से तड़पते लोगों का प्रतिनिधित्व करती है। बंबई में बहुत से लखपति और बहुतेरी शानदार इमारतें है। लेकिन इमारतों की शान-शौकत से हमें गाँवों की मिट्टी की लड़खड़ाती झोंपड़ियों को भूलना नहीं चाहिए। *— जवाहरलाल नेहरू वाङ्मय (खंड-7), पृ.243*

❋ ❋ ❋

भारत-विभाजन

हमें अफसोस हुआ कि हिंदुस्तान का टुकड़ा अलग हुआ। लेकिन आखिर में हमारी मंजूरी से हुआ, हमारी रजामंदी से हुआ—यह सोचकर कि ऐसा होने से शायद हम फिर आइंदा ज्यादा दोस्ती से रह सकें, मिल सकें। जो अंदरूनी झगड़े रोज-रोज हो रहे थे, उनको किसी तरह कम करना था, क्योंकि वे हमारी आजादी के रास्ते में आते थे। खैर गलत या सही, हमने उस बात को मंजूर किया और उस बात पर हमें कायम रहना है।

—लालकिले के प्राचीर से (भाग-1), पृ. 41

❋ ❋ ❋

भारतीय इतिहास

भारत के इतिहास के बारे में मेरा अपना दृष्टिकोण यही है, कि जब-जब भारत ने अपना दिमाग दुनिया के लिए खुला रखा—तब-तब उसने तरक्की की, और जब उसने दिमाग बंद कर लेना चाहा—तब उसकी अवनति हुई। जितना ज्यादा उसने अपना दिमाग बंद किया, उतना ही अधिक वह गतिहीन होता चला गया।

— जवाहरलाल नेहरू के भाषण (खंड-1), पृ. 32

❋ ❋ ❋

भारतीय गणराज्य

मैं लाजमी तौर से कह सकता हूँ कि मुझे इसमें जरा भी संदेह नहीं, कि चाहे राजनीतिक दृष्टि से या और किसी दृष्टि से, भारतीय गणराज्य बहुत मजबूत नींव पर

खड़ा है—अपनी असफलताओं, कमजोरियों और कठिनाइयों के बावजूद, भारत एक मजबूत देश है और आगे बढ़ा है, और दुनिया के हर देश के साथ मुकाबला कर सकता है।

—जवाहरलाल नेहरू के भाषण (खंड-1), पृ. 58

❊ ❊ ❊

भारतीय दर्शन

हिंदुस्तान में फिलसफा कुछ इने-गिने फिलसफों या विचारकों का मैदान नहीं था। आम लोगों के मजहब का यह एक लाजिमी अंश था, और चाहे जितने घुले हुए रूप में क्यों न हो, यह भिदकर उन तक पहुँचता था, और इसने उनमें एक फलसफियाना नजरिया पैदा कर दिया था—जो हिंदुस्तान में करीब-करीब उतना ही आम था, जितना कि चीन में यह है। कुछ लोगों के लिए तो इस फिलसफे ने एक गहरी और पेचीदा कोशिश की शक्ल अख्तियार कर ली थी, जो यह जानना चाहती थी कि सभी दिखाई पड़नेवाली वस्तुओं के पीछे कौन-से कारण और नियम काम कर रहे हैं। जिंदगी का आखिरी मकसद क्या है, उनमें कोई भीतरी एकता है या नहीं। लेकिन आम लोगों के लिए ज्यादा सादा मामला था। फिर उनमें ऐसी हिम्मत पैदा की कि वे कठिनाइयों और बदनसीबियों का सामना कर सकें, और अपनी शांति और खुशी को खो न बैठें।

—हिंदुस्तान की कहानी, पृ. 110

❊ ❊ ❊

भारतीय भाषाएँ

भारत एक बहुभाषा-भाषी देश है। यह सच है कि हमारी भाषाएँ एक-न-एक तरीके से संस्कृत से निकली हैं। अन्य भाषाओं का यद्यपि स्वतंत्र इतिहास है, लेकिन फिर भी उनमें बहुत से संस्कृत के शब्द पाए जाते हैं। हमारी सब भाषाओं में एक-दूसरे से काफी निकटता है, लेकिन फिर भी यह मानना होगा कि सब अलग-अलग भाषाएँ है, और महान् भाषाएँ हैं। और ये सब इस भारत देश की भाषाएँ हैं। इसलिए संविधान में हमने भारत की इन महान् भाषाओं को भारत की राष्ट्रीय भाषाओं के रूप में गिनाया है, लेकिन हिंदी सरकारी और एक अखिल भारतीय भाषा की तरह रखी गई है।

—जवाहरलाल नेहरू के भाषण (खंड-1), पृ. 42

❊ ❊ ❊

भारतीय मजदूर

भारत का श्रमिक, भारत का मजदूर वर्ग एक बहुत अच्छा मजदूर वर्ग है। वे कभी-कभी चाहे उत्तेजित या गुमराह हो जाएँ, लेकिन उचित व्यवहार किया जाए तो वे बड़े काम के लोग हैं, और आखिर उन्हीं के बल पर तो आप भारत का निर्माण करेंगे। उन

लोगों से आपको निबटना है, और उनके साथ न्यायोचित और अच्छा व्यवहार करना है।

—ज्वाहरलाल नेहरू के भाषण (खंड-1), पृ. 87

* * *

भारतीय संस्कृति

कुछ लोगों का खयाल है कि हिंदुस्तानी विचार और संस्कृति—जिंदगी से इनकार करने के सिद्धांत के सूचक हैं, जिंदगी से इकरार के सिद्धांत के नहीं। मेरा खयाल है कि दोनों ही सिद्धांत, कमोबेश सभी पुरानी संस्कृतियों और पुराने धर्मों में मौजूद हैं। लेकिन मैं तो इस नतीजे पर पहुँचूँगा कि सबकुछ देखते हुए, हिंदुस्तानी संस्कृति ने जिंदगी से इनकार करने पर कभी जोर नहीं दिया है, अगरचे यहाँ के कुछ फिलसफों ने ऐसा जरूर किया है। बल्कि ईसाई मजहब के मुकाबले में इसने जिंदगी से जो इनकार किया है वह बहुत कम है। *—हिंदुस्तान की कहानी, पृ. 108*

* * *

हिंदुस्तान में, हर जमाने में—जब उसकी संस्कृति ने फूल खिलाए हैं, लोगों ने जिंदगी और प्रकृति में गहरा रस लिया है, जीने की क्रिया में ही उन्होंने आनंद का अनुभव किया है, गाने, नाचने, चित्रकला और नाटकों में उनकी दिलचस्पी रही है, यहाँ तक कि यौन-संबंधों के बारे में बड़ी पेचीदा किस्म की जाँचें हुई हैं। इस बात का कयास नहीं किया जा सकता कि एक ऐसी तहजीब या जिंदगी का ऐसा नजरिया—जिसकी बुनियाद में गैर-दुनियादारी हो, या जो जिंदगी को हेय समझता हो, इस तरह के विविध और जोरदार विकास का बानी होगा। दरअसल, इससे जाहिर होना चाहिए कि कोई भी तहजीब, जो बुनियादी तौर पर गैर-बुनियादी हो, हजारों साल तक अपने को कायम नहीं रख सकती।

—हिंदुस्तान की कहानी, पृ. 108

* * *

भारतीय सभ्यता

आज हिंदुस्तान की सभ्यता रुँधी हुई है। नौजवानों का फर्ज है कि वे इस रुद्ध तालाब को बहती धारा में बदल दें। युवकों की कसौटी, कर्म और हर क्षेत्र में विद्रोह है। हर नौजवान को विद्रोह करना चाहिए—न सिर्फ राजनैतिक क्षेत्र में, बल्कि सामाजिक, आर्थिक और धार्मिक क्षेत्रों में भी। मेरे लिए उस आदमी की कोई कीमत नहीं है, जो आता है और कहता है कि कुरान में यह कहा गया है, वह कहा गया है। हमें हर गैर-मुनासिब चीज को छोड़ देना चाहिए, भले ही उसके लिए वेद और कुरान में प्रमाण मिलें। मैं जानता हूँ, इस रास्ते पर चलने में कठिनाइयाँ हैं; लेकिन कठिनाइयाँ हाथ-पर-

हाथ रखकर बैठे रहने से कहीं अच्छी हैं।

— जवाहरलाल नेहरू वाङ्मय (खंड-3), पृ. 180

* * *

हिंदुस्तान की हजारों बरस की तवारीख में और इतिहास में क्या चीज उभरती है ? यह बुनियादी चीज और भारत की सभ्यता है। और वह है बर्दाश्त करना, मजहबी लड़ाइयाँ न लड़ना। वह यह है कि जो कोई आए उससे प्रेम का बरताव करना, उसको अपनाना। *— लालकिले की प्राचीर से (भाग-1), पृ. 6*

* * *

भावात्मक एकता

हममें अभिमान, संकीर्णता, प्रांतीयता, सांप्रदायिकता और जातिवाद नहीं होना चाहिए, क्योंकि हमें एक महान् मिशन पूरा करना है। भारतीय गणराज्य के नागरिकों को तनकर सीधे खड़ा रहना चाहिए। ऊपर देखते हुए भी हमारे पैर मजबूती से जमीन पर जमे रहें, और फिर हम भारत की जनता में इस समन्वय और एकता को पैदा करें। राजनीतिक एकता कुछ हद तक आ चुकी है। लेकिन मैं जिस चीज के पीछे हूँ, वह बहुत गहरी है, वह है—भारतवासियों की भावात्मक एकता—ताकि हम सब मिलकर एक हो सकें, और सब मिलकर एक ही राष्ट्र की इकाई बनें। लेकिन ऐसा करते हुए हम, अपनी आश्चर्यजनक विविधता के बावजूद एकता को बनाए रखें।

— जवाहरलाल नेहरू के भाषण (खंड-1), पृ. 49

* * *

भाषा

अगर हमारे मुल्क में अपनी ही बोली में बातचीत और बहस-मुबाहसे नहीं किए जाएँगे, तो हमारी तरक्की नामुमकिन है। पश्चिमी लोगों को अपनी-अपनी भाषा से मुहब्बत है। जनरल बोथा जब बादशाह से मिलने गए तो वह डच जबान में बोले, हालाँकि अंग्रेजी वह बिलकुल सही और अच्छी तरह बोल सकते थे। जब आयरिश नेता लोग राष्ट्रसंघ में गए तो वे गालिक भाषा में बोले, हालाँकि उनकी बोली को समझनेवाला वहाँ कोई तीसरा आदमी नहीं था। इसलिए मैं चाहूँगा कि आप छात्र लोग अपनी मातृभाषा सीखें और इसी भाषा में अपनी बातचीत और अपनी बहस-मुबाहसे चलाएँ।

— जवाहरलाल नेहरू वाङ्मय (खंड-4), पृ. 23

* * *

भाषा-विवाद

जब हम आम लोगों की एक आसान भाषा की बातें करते हैं, और जिसे हम उर्दू-बहुल और संस्कृत-बहुल भाषा पर तरजीह देते हैं—तो हमारा मतलब असल में क्या

होता है? हर नौसिखुआ जानता है कि दिल्ली की जबान और नागपुर या बिहार की जबान में जमीन-आसमान का फर्क है। लखनऊ शहर और लखनऊ के देहाती इलाके की जबान में भी बेहद फर्क है। तो फिर अवाम की यह सामान्य भाषा क्या है? हममें से हरएक अपनी या अपने गुट की भाषा को स्तरीय भाषा समझता है, और भाषा के दूसरे रूप के इस्तेमाल से चिढ़ता है। अपने अज्ञान या सीमित ज्ञान के लिए लज्जित होने के बदले, वह इस बात के लिए गौरव का अनुभव करता जान पड़ता है कि वह कुछ बातें नहीं समझता।

—जवाहरलाल नेहरू वाङ्मय (खंड-7), पृ. 368

❋ ❋ ❋

जहाँ तक तुम्हारी दूसरी जबान की बात है, इसका फैसला असल में तुम्हें ही करना होगा, क्योंकि पढ़ना तुमको है। अपने खत में तुमने लिखा है कि फ्रेंच शायद आसान होगी। मेरा भी ऐसा ही खयाल है। तब फ्रेंच ही रहे। संस्कृत जब तक तुम्हें कुछ भारी महसूस न हो, उसे बिलकुल ही न छोड़ देना। काफी संस्कृत न पढ़ सकने के लिए मुझे बराबर अफसोस रहता है। इसे न जानने की वजह से मैं बहुत सारी बातें नहीं जान पाया। लेकिन यह सब अपनी पसंद पर मुनहसिर है, और तुम महसूस करो कि फ्रेंच और संस्कृत दोनों तुम नहीं चला सकती हो—तो संस्कृत को छोड़ दे सकती हो। काश, मैं तुम्हारे साथ होता, और हम साथ-साथ फ्रेंच और संस्कृत दोनों पढ़ते। हम दोनों खूब तरक्की कर लेते।

—जवाहरलाल नेहरू वाङ्मय (खंड-5), पृ. 407

❋ ❋ ❋

यह अजीब बात है कि हमारे मुल्क में कितनी सारी बातें सांप्रदायिक रंग पकड़ लेती हैं, यहाँ तक कि भाषा का सवाल भी सांप्रदायिक बन गया है और किसी रहस्यमय कारण से, उर्दू मुसलमानों को सरकारी छाप मानी जाने लगी है। पूरे आदर के साथ, मैं इसे मानने को तैयार नहीं हूँ। मैं उर्दू को अपनी जबान मानता हूँ, जिसे मैं बचपन से बोलता आया हूँ। बदकिस्मती से मेरी तालीम ऐसी हुई कि मैं ठीक तौर से न तो हिंदी जानता हूँ, न उर्दू ही। लेकिन इसका यह मतलब नहीं है कि उर्दू मेरी जबान नहीं रही। इसलिए मैं इस सवाल को पूरी तरह से भाषाई नजरिए से देखता हूँ, न कि सांप्रदायिक नजरिए से। मैं चाहता हूँ कि दूसरे लोग भी ऐसा ही करें। इस सिलसिले में संस्कृति और मुसलिम संस्कृति की बातें करना—मुद्दे से बाहर की बातें करना है।

—जवाहरलाल नेहरू वाङ्मय (खंड-7), पृ. 370

❋ ❋ ❋

हमें एक समृद्ध और विविध रूपात्मक भाषा की जरूरत है, जो अपने जीवित रहने के लिए और ताकत के लिए, पुरानी भाषाओं के साथ ही दुनिया की नई भाषाओं से भी शब्दों का आयात करे। शब्द के आधुनिक अर्थ में हमारी भाषाएँ अपरिपक्व हैं और आधुनिक भावनाओं तथा आधुनिक विचारों की सूक्ष्म छवियों को अभिव्यक्त करने के लिए उन्हें विकसित होना पड़ेगा। इसलिए उनका भंडार जितना ही भरता है, वे उतनी ही बेहतर होती हैं। अपने खुद के सीमित ज्ञान के चलते, हमें भाषाओं के विकास को रोकने की कोशिश नहीं करनी चाहिए। हिंदी और उर्दू दोनों में ही जिस असल चीज पर एतराज करना चाहिए, वह है अभिव्यक्ति की वह दरबारी और विस्तारशील प्रणाली—जो यद्यपि शब्दाडंबरपूर्ण होती है, लेकिन उसमें जीवनी शक्ति नहीं होती, और वह जनसाधारण तक कभी नहीं पहुँच सकती। अगर हम जन-साधारण का ध्यान रखकर सोचें, बोलें और लिखें, तो हमारी बातों और लिखत में सादगी और ताकत आ जाएगी। असंयत लेखन के साथ ही हिंदी और उर्दू की अलगाव की प्रवृत्ति का रोकने का यही रास्ता है।

—जवाहरलाल नेहरू वाङ्मय (खंड-7), पृ. 369

❋ ❋ ❋

हिंदी और दीगर हिंदुस्तानी जबानों में कोई झगड़ा नहीं है। अपनी मातृभाषा सीखने और उसमें दक्षता प्राप्त करने को—हिंदी के मुकाबले नीचा दरजा देने की जरूरत नहीं है। हिंदुस्तान में हिंदी सामान्य भाषा, और अंतरप्रांतीय तथा राष्ट्रीय कामों के लिए जरूरी है। यह वह भाषा है, जो भारत को इकट्ठा करके रखेगी और राष्ट्र को एक बनाएगी। इस मुल्क के दो तिहाई लोग अभी भी हिंदी बोलते हैं और बाकी लोगों का कर्तव्य है कि वे इसे सीखें। तीन या चार भाषाएँ सीखना मुश्किल नहीं है और बेशक ये सभी साथ-साथ रहेंगी। यूरोप में हर आदमी को कम-से-कम तीन भाषाएँ सीखनी होती हैं। स्विट्जरलैंड जैसे छोटे मुल्क में तीन भाषाएँ बोली जाती हैं। हिंदी के प्रचार से इस मुल्क की भाषा समस्या हल हो जाएगी।

—जवाहरलाल नेहरू वाङ्मय (खंड-7), पृ. 378

❋ ❋ ❋

हिंदुस्तान की बात कहूँ तो, यहाँ का असली सवाल गरीबी और बेरोजगारी है। और सारी बातें इनसे छोटी हैं और इनका खयाल रखकर ही उन पर गौर किया जा सकता है। बातों को देखने का मेरा यही तरीका है, और मैं समझता हूँ कि सही तरीका है। लेकिन यह नजर मैं ज्यादातर लोगों में अजीब ढंग से गैरहाजिर पाता हूँ—खासतौर से उन लोगों में, जो हिंदी और उर्दू के बारे में इतनी ज्यादा बातें करते और लिखते हैं। भाषाएँ और साहित्य और संस्कृतियाँ तब तरक्की करती हैं, जब लोग तरक्की करते हैं, और उन्हें

अपनी प्रतिभा को विकसित करने की आजादी होती है। जो लोग भूखों मर रहे हैं, बुरी हालत में हैं, और गुलाम हैं, उनके लिए एक बनावटी संस्कृति की क्या कीमत है—जो उन तक पहुँचती तक नहीं?

—जवाहरलाल नेहरू वाङ्मय (खंड-7), पृ. 366

* * *

भूख

जबकि मनुष्य भूखा हो या मर रहा हो, उस वक्त संस्कृति या भगवान के विषय में बात करना बेवकूफी है, और किसी चीज के बारे में वादे करने से पहले, आदमी को उसकी जिंदगी की आम जरूरत की चीजें, जरूर मिलनी चाहिए। यहाँ अर्थशास्त्र आता है।

—जवाहरलाल नेहरू के भाषण (खंड-1), पृ. 33-34

* * *

मजदूर

सरकार की दमन-नीति, मुल्क के ट्रेड-यूनियन आंदोलन को भी नहीं तोड़ सकती। उतार-चढ़ाव आ सकते हैं। आखिरी अंजाम तो ट्रेड यूनियनवाद की जीत ही है। आज हिंदुस्तानी मजदूर की ताकत देखकर अचरज होता है, और वर्ग एकता की भावना आज बहुत साफ दिखाई दे रही है। कमजोर या गलत नेतृत्व की वजह से कभी-कभी वे गुमराह भले ही हो जाएँ, लेकिन उन्हें जो नई ताकत मिली है—वह उन्हें आगे बढ़ाएगी ही।

—जवाहरलाल नेहरू वाङ्मय (खंड-4), पृ. 31

* * *

मत-वैभिन्य

मतभेदों का होना अनिवार्य है। इनका हमें सम्मान करना चाहिए और ऐसा नहीं करना चाहिए कि दूसरों के मतभेदों को मिटाने के लिए अपनी मरजी उन पर थोपी जाए।

—जवाहरलाल नेहरू के भाषण (खंड-1), पृ, 255

* * *

मध्यम मार्ग

बुद्ध का बताया हुआ रास्ता मध्यम मार्ग है, और यह अपने को यातना देने और विलास में डुबो देने के बीच का रास्ता है। शरीर को तकलीफ देने के अनुभव के बाद उन्होंने कहा है कि जो आदमी अपनी ताकत खो बैठता है, वह ठीक रास्ते पर नहीं चल सकता। यह मध्यम मार्ग—आर्यों का अष्टांग मार्ग कहलाया। इसके अंग हैं—ठीक विश्वास, ठीक आकांक्षाएँ, ठीक वचन, ठीक कर्म, ठीक आधार, ठीक प्रयत्न, ठीक वृत्ति और ठीक आनंद। इसमें अपने विकास का सवाल है, किसी की कृपा का नहीं।

—हिंदुस्तान की कहानी, पृ. 172

* * *

महान् बनो

हिंदुस्तान की आजादी कायम रखने के लिए, हिंदुस्तान की तरक्की के लिए, हिंदुस्तान को दुनिया में बड़ा बनाने के लिए—बड़ा खाली लंबान और चौड़ान में नहीं, बल्कि ऐसा मुल्क बनाने के लिए, जो बड़े काम करता है और जिसकी इज्जत दुनिया में होती है—हमें खुद बड़ा होना पड़ेगा, हमें खुद उस रास्ते पर चलना पड़ेगा, जो महात्मा गांधी ने हमें सिखाया था।

—लालकिले की प्राचीर से (भाग-1), पृ. 5

❊ ❊ ❊

महान् व्यक्ति

महान् स्त्रियों और पुरुषों को—अपने प्रदर्शन के लिए किसी ताज या तख्त या हीरे-जवाहरात या खिताबों की जरूरत नहीं है। सिर्फ राजाओं और नवाबों को, जिनके अंदर सिवाय राजपन या नवाबी के और कुछ भी नहीं होता, अपना नंगापन छिपाने के लिए तरह-तरह की वर्दियाँ और राजसी पोशाकें पहननी पड़ती हैं।

—विश्व इतिहास की झलक (भाग-1), पृ. 89

❊ ❊ ❊

महापुरुष की याद

महापुरुष की याद होती है, वे बातें जो उन्होंने हमें बताईं, जो सबक हमें सिखाए, जो आदेश दिए, उनका जैसा जीवन था उससे हमने क्या सबक सीखे?

—लालकिले की प्राचीर से (भाग-1), पृ. 52

❊ ❊ ❊

महाभारत

महाभारत एक ऐसा बेशकीमती भंडार है, कि हमें उसमें बहुत तरह की अनमोल चीजें मिल सकती हैं। यह रंग-बिरंगी, घनी और खुदबुदाती हुई जिंदगी से भरपूर है, और इस बात में यह हिंदुस्तानी विचारधारा के दूसरे पहलू से बहुत हटकर है—जिसमें तपस्या और जिंदगी से इनकार पर जोर दिया गया है। यह महज नीति की शिक्षा देनेवाली किताब नहीं है, हालाँकि नीति और इखलाक की तालीम इसमें काफी मिलेगी। महाभारत की शिक्षा का सार एक जुमले में रख दिया है—दूसरे के लिए तू ऐसी बात न कर, जो तुझे खुद अपने लिए नापसंद हो। जोर समाज की भलाई पर दिया गया है। और यह बात मार्के की है, क्योंकि खयाल यह किया जाता है कि हिंदुस्तानी दिमाग का रुझान शख्सी कमाल हासिल करने की ओर रहा है, न कि समाज की भलाई की तरफ। इसमें कहा है—जिसमें समाज की भलाई नहीं होती, या जिसे करते हुए तुम्हें शर्म आती है—उसे न करो।

—हिंदुस्तान की कहानी, पृ. 142

❊ ❊ ❊

माँ

हम स्कूल और कॉलिजों की बात करते हैं, जो कि निःसंदेह महत्त्वपूर्ण है, किंतु एक व्यक्ति का निर्माण, न्यूनाधिक रूप में उसके जीवन के पहले दस वर्षों में होता है। जाहिर तौर पर उस अवधि में माता का ही सबसे अधिक प्रभाव होता है, इसलिए अनेक प्रकार से सुशिक्षित माँ—शिक्षा के लिए अनिवार्य बन जाती है।

—नेहरू और नई पीढ़ी, हरिदत्त शर्मा, पृ. 158

❊ ❊ ❊

मानवतावाद

हमारे आर्थिक कार्यक्रम की बुनियाद होनी चाहिए इनसानियतवाला नजरिया, और रुपए के लिए इनसान को कुरबान नहीं कर दिया जाना चाहिए। अगर कोई उद्योग अपने मजदूरों को भूखा रखे बिना नहीं चलाया जा सकता, तो उस उद्योग को बंद कर दिया जाए। अगर जमीन पर काम करनेवाले मजदूरों को पेट-भर खाने को नहीं मिलता, तो जो बिचौलिए उनके पूरे हिस्से से उन्हें महरूम रखते हैं—उन्हें जाना होगा। खेत या कारखाने में काम करनेवाले हर मजदूर का अगर कम-से-कम भी हक माना जाए, तो उसे जो न्यूनतम मजदूरी दी जाए, वह इतनी तो हो ही—कि उससे वह मामूली आराम की जिंदगी बसर कर सके; और कामों के उसके घंटे भी इनसानियत का खयाल करके ही तय किए जाएँ, ताकि उसकी ताकत और हिम्मत जवाब न दे जाए।

— जवाहरलाल नेहरू वाङ्मय (खंड-4), पृ. 196

❊ ❊ ❊

मित्रता

सही तरीका और मित्रता का भाव बहुत जरूरी है, क्योंकि मित्रता का व्यवहार करने से ही, दूसरा भी वैसा ही व्यवहार करता है।

— जवाहरलाल नेहरू के भाषण (खंड-1), पृ. 35

❊ ❊ ❊

मित्रता और लड़ाई

जब मैं इतिहास के पन्नों को पलटता हूँ या आधुनिक घटनाओं को गौर से देखता हूँ, तो कभी-कभी मुझे ऐसा लगता है, कि जो लोग आपस में एक-दूसरे को सबसे अच्छी तरह जानते हैं, वह सबसे ज्यादा आपस में लड़ते हैं। इसलिए सिर्फ जानने मात्र से अधिक सहयोग और मित्रता नहीं होती।

— जवाहरलाल नेहरू के भाषण (खंड-1), पृ. 30

❊ ❊ ❊

मिशनरी

मिशनरियों ने बहुत अच्छा काम किया और मैं उनकी बहुत प्रशंसा करता हूँ, लेकिन राजनीतिक दृष्टि से उन्होंने भारत में किसी तरह के परिवर्तन को पसंद नहीं किया। असल में जब सारे भारत में एक नई राजनीतिक जागृति आ रही थी, तो उत्तर-पूर्वी भारत में ऐसा आंदोलन चला, जिसने उत्तर-पूर्व भारत के लोगों को अपने अलग-अलग राज्य बनाने के लिए प्रोत्साहित किया। वहाँ रहने वालों विदेशियों के लिए इस आंदोलन का समर्थन किया। मैं नहीं समझता कि किसी भी दृष्टि से इसे व्यावहारिक और उचित ठहराया जा सकता है।

— जवाहरलाल नेहरू के भाषण (खंड-1), पृ. 38-39

* * *

मुसलिम सांप्रदायिकता

मैं नहीं समझता कि मुसलिम फिरकापरस्त संगठन—जिनमें खास हैं मुसलिम ऑल पार्टीज कांफ्रेंस और मुसलिम लीग—हिंदुस्तान के मुसलमानों की किसी बड़ी जमात की नुमाइंदगी करते हैं, सिवा इन मानी में कि वे मौजूदा मुसलिम जज्बात का फायदा उठाते हैं। लेकिन यह बात अपनी जगह कायम है कि वे मुसलमानों की तरफ से बोलने का दावा करते हैं, और कोई दूसरी संगठन अब तक नहीं खड़ा हुआ है, जो इस दावे को कामयाबी के साथ चुनौती दे सके। अपने हमलावर, फिरकेवाराना मिजाज की वजह से उन्हें राष्ट्रीय मुसलमानों की एक बड़ी तादाद के ऊपर, जो अपने को कांग्रेस में मिला देते हैं, शह मिल जाती है। इन संगठनों के नेता खुल्लमखुल्ला और परले दरजे के फिरकापरस्त हैं। *— जवाहरलाल नेहरू वाङ्मय (खंड-6), पृ. 159*

* * *

मृत्यु

अभावों मे मरने की अपेक्षा संघर्ष करते हुए मरना अधिक अच्छा है, दुःखपूर्ण और निराश जीवन की अपेक्षा मर जाना बेहतर है। मृत्यु होने पर नया जन्म मिलेगा। और वे व्यक्ति अथवा राष्ट्र जो मरना नहीं जानते, यह भी नहीं जानते कि जिया कैसे जाता है।

— भारत की कहानी

* * *

युद्ध

हमने हमेशा कोशिश की—कि इस बात को सामने रखें कि दुनिया में अमन कैसे होता है, क्योंकि आजकल लड़ाई से ज्यादा खतरनाक और तबाह करनेवाली चीज कोई नहीं है। और अगर दुनिया भर में लड़ाई हुई—एक नई किस्म की लड़ाई तो यकीनन दुनिया मे जो कुछ तरक्की हुई है, जो कुछ दुनिया की कौमें बढ़ी हैं, वे सब खत्म हो

जाएँगी, और एक वहशत की तरफ दुनिया फिर बढ़ने लगेगी। तो यह तो बड़ी खतरनाक बात है। हम दुनिया को रोकना चाहते हैं, क्योंकि जो कुछ दुनिया में हो उसका असर हम पर पड़ेगा। चाहे हम उसमें ज्यादा हिस्सा लें या कम हिस्सा लें या हिस्सा न लें—उसका असर मुल्क पर पड़ेगा।

—लालकिले की प्राचीर से (भाग-1), पृ. 40-41

❋ ❋ ❋

युवक-संगठन

मैं नौजवानों के आंदोलनों में इतना यकीन करता हूँ, कि हिंदुस्तान में युवकों के संगठन के लिए काम करने के वास्ते सब कुछ निछावर करने को तैयार हूँ।

—जवाहरलाल नेहरू वाङ्मय (खंड-3), पृ. 175

❋ ❋ ❋

युवावस्था

जवानी की अगर कोई पहचान है, तो वह है जिस्म और दिमाग का लचीलापन। जैसे ही जिस्म में सख्ती आ जाती है, आपकी उम्र ढलने लग जाती है। मैं उम्मीद करता हूँ कि आप इस बात की कोशिश करेंगे कि दिमागी तौर पर आप बेलोच न हो आएँ, बल्कि अपने दिमाग की खिड़कियों को नए खयालात के लिए खुला रखें, उन पर बहस करें , किसी नतीजे पर पहुँचें, और उस पर अमल करें।

—जवाहरलाल नेहरू वाङ्मय (खंड-4), पृ. 531

❋ ❋ ❋

राजनीति और मजहब

राजनीति और मजहब का (संकीर्ण-से-संकीर्ण मायने में) गठबंधन सबसे ज्यादा खतरनाक गठबंधन है, और उसको खत्म कर देना चाहिए। इससे सांप्रदायिक राजनीति पनपती है।

—जवाहरलाल नेहरू के भाषण (खंड-1), पृ. 26

❋ ❋ ❋

राजनीतिज्ञ

मैं अनुभव करता हूँ कि एक राजनीतिज्ञ अथवा सार्वजनिक व्यक्ति—वास्तविकताओं की उपेक्षा करके, अमूर्तभाव-संश्लिष्ट सत्य के सहारे नहीं चल सकता। उसकी गतिविधि अपने सहकर्मियों की सत्यवृत्ति की मात्रा पर निर्भर होती है, फिर भी बुनियादी सच्चाई—सच्चाई ही रहती है; सदा उसी को ध्यान मे रखकर यथाशक्ति कर्म-संचालन होना चाहिए, अन्यथा हम बुराई के चक्कर में फँस जाते हैं—और एक बुराई दूसरी बुराई की ओर खींच ले जाती है।

—नेहरू और नई पीढ़ी : हरिदत्त शर्मा, पृ. 106

❋ ❋ ❋

राजनीतिज्ञ अपने तौर पर ही उपयोगी व्यक्ति है, यद्यपि इसकी वह कद्र नहीं रहेगी, लेकिन कार्य विशेषों के विशेषज्ञ हमेशा जमे रहेंगे। इंजीनियर और वैज्ञानिक की सदा आवश्यकता रहेगी। चाहे राजनीतिज्ञ की कद्र घट जाए, लेकिन इंजीनियर और वैज्ञानिक की कद्र नहीं घटेगी।

—नेहरू और नई पीढ़ी, हरिदत्त शर्मा, पृ. 180

❋ ❋ ❋

रामायण और महाभारत

कदीम हिंदुस्तान के दो बड़े महाकाव्य—रामायण और महाभारत, शायद कई सदियों में तैयार हुए, और बाद में भी उनमें नए टुकड़े जोड़े जाते रहे। उनमें भारतीय आर्यों के शुरू के दिनों का हाल है—उनकी विजयों का, उनकी आपस की उस वक्त की लड़ाइयों का—जब वे फैल रहे थे और अपनी ताकत को मजबूत कर रहे थे—लेकिन इन महाकाव्यों की रचना और संग्रह बाद की बातें हैं। मैं कहीं की ऐसी किसी पुस्तक को नहीं जानता हूँ, जिसने आम जनता के दिमाग पर इतना लगातार व्यापक असर डाला हो, जितना कि इन दो पुस्तकों ने डाला है। इतने कदीम वक्त में तैयार की गई होने पर भी, वे हिंदुस्तानियों की जिंदगी में आज भी जीता-जागता असर रखती हैं।

—हिंदुस्तान की कहानी, पृ. 130–131

❋ ❋ ❋

रामायण-महाभारत में वह खास हिंदुस्तानी ढंग मिलता है, जिसमें जुदा-जुदा सांस्कृतिक विकास के लोगों के लिए एक साथ सामग्री पेश की जाती है, यानी ऊँचे-से-ऊँचे दरजे के विद्वानों से लेकर अनपढ़ और अशिक्षित देहाती तक के लिए। इनके जरिए हमें कदीम हिंदुस्तानियों का वह गुर कुछ-कुछ समझ में आ जाता है, जिससे वे एक पंचमेल और जाँत-पाँत में बँटे हुए समाज को इकट्ठा बनाए रखने में, उनके झगड़ों को सुलझाते रहने में, उन्हें वीर-परंपरा और नैतिक रहन-सहन की समान भूमिका देने में कामयाब हुए हैं। उन्होंने कोशिश करके लोगों में एक आम नजरिया कायम किया, और यह सब भेद-भावों से ऊपर था और बना रहा।

—हिंदुस्तान की कहानी, पृ. 131

❋ ❋ ❋

राष्ट्रगान

राष्ट्रगान के बारे में यह अनुभव किया गया है, कि भाषा की अपेक्षा धुन अधिक महत्त्व रखती है, और यह भी कि धुन ऐसी हो, जिसमें भारतीय संगीत की गरिमा का पता लगे—भले ही कुछ हद तक पश्चिमी संगीत का भी उसमें पुट हो—ताकि यह वाद्यवृंद और बैंड-संगीत दोनों पर बराबरी में बजाया जा सके। शायद राष्ट्रगान

का महत्त्व घर की अपेक्षा विदेशों में अधिक है। इसलिए अनुभव से हमें पता चला है, कि जन-गण-मन की धुन की विदेशों में बहुत सराहना और प्रशंसा की गई है। वह दूसरों से बहुत ही अलग है, और इसमें एक प्रकार का जीवन और गति है।

—जवाहरलाल नेहरू के भाषण (खंड-1), पृ. 21

❋ ❋ ❋

राष्ट्रध्वज

यह झंडा हमारी आजादी, हमारे आदर्शों, हमारी तमन्नाओं और हमारी मुसीबतों की निशानी है। इसको लहराता देखकर और इसके नीचे खड़े होकर हमने झंडा गीत गाया है; हमने इसके काम आने का, और हर कीमत पर इसकी इज्जत और शान बचाने का अहद किया है।

यह इसी तरह लहराता रहे, ताकि इसकी शान और ऊँची उठे। हम इसे नीचे न गिरने दें, और अपने मुल्क और उसके निशान से गद्दारी न करें।

—जवाहरलाल नेहरू वाङ्मय (खंड-7), पृ. 165

❋ ❋ ❋

राष्ट्रीय झंडे को आप आजादी का निशान समझें, तिरंगे कपड़े का महज एक टुकड़ा नहीं। यह किसी राजा या बादशाह का झंडा नहीं है, बल्कि यह हिंदुस्तान के लाखों-लाख गरीब लोगों की एकता और ताकत का निशान है।

—जवाहरलाल नेहरू वाङ्मय (खंड-5), पृ. 285

❋ ❋ ❋

राष्ट्रवाद/राष्ट्रीयता

अगर उन देशों में भी, जहाँ नए विचारों और अंतरराष्ट्रीय ताकतों का जोरदार असर पड़ा है, राष्ट्रीयता की भावना इतनी आम है, तो हिंदुस्तान के लोगों के दिमागों पर उनका कितना ज्यादा असर होना लाजिमी है! कभी-कभी हमसे कहा जाता है कि हमारी राष्ट्रीयता इस बात की निशानी है, कि हम लोग पिछड़े हुए लोग हैं, और हमारे दिल संकुचित हैं। जो लोग हमसे इस तरह की बातें करते हैं, शायद उनका खयाल है कि अगर हम अंग्रेजी सल्तनत या कॉमनवेल्थ के भीतर एक छोटे हिस्सेदार की हैसियत कुबूल कर लें, तो सच्ची अंतरराष्ट्रीयता की भावना की जीत होगी। वे यह समझते नहीं दिखाई पड़ते कि इस खास किस्म की और महज नाम की अंतरराष्ट्रीयता—एक संकुचित अंग्रेजी राष्ट्रीयता का फैलाव भर है, और अगर हमने हिंदुस्तान में अंग्रेजी राज्य के वे नतीजे न भी देखे होते—जो हमने देख लिए हैं, तो भी यह हमें पसंद नहीं आ सकती थी। फिर भी, राष्ट्रीयता की भावना चाहे कितनी ही गहरी हो, सच्ची अंतरराष्ट्रीयता को

कुबूल करने में, और संसारव्यापी संगठन और राष्ट्रीय संगठन के मातहत रखने के मामले में, हिंदुस्तान बहुत-सी और कौमों के मुकाबले में आगे बढ़ गया है।

—हिंदुस्तान की कहानी, पृ. 68

❊ ❊ ❊

अपनी मौजूदा शक्ल में राष्ट्रवाद से, जो वह मौजूदा हालात में अनिवार्य है, मुल्क के बुनियादी माली मसलों का कोई हल नहीं निकलता। आज का सबसे बड़ा मसला शायद किसानों का मसला है, और राष्ट्रवाद के जरिए इसका कोई असली हल नहीं निकलता। यह कमोबेश कुछ छोटी-मोटी राहतें देने के अलावा, मौजूदा हालात को ज्यों-का-त्यों बनाए रखता है। लेकिन समाजवाद ऐसे सारे मसलों का सीधा मुकाबला करता है।

— जवाहरलाल नेहरू वाङ्मय (खंड-7), पृ. 37

❊ ❊ ❊

मैं आपसे कहना चाहता हूँ कि मैं राष्ट्रवाद को नापसंद करता हूँ। लेकिन जहाँ तक हिंदुस्तान का ताल्लुक है—और हिंदुस्तान आज जिस हालत में है—मैं राष्ट्रवाद को पसंद करता हूँ, क्योंकि राष्ट्रवाद का हमारे लिए मतलब होता है कि वह हमें आजादी की ओर, हमें अपनी शारीरिक, मानसिक, नैतिक और आध्यात्मिक उन्नति की ओर बढ़ाता है। राष्ट्रवाद हमारे लिए रिहाई की ताकत है, इसलिए अच्छा है।

— जवाहरलाल नेहरू वाङ्मय (खंड-7), पृ. 490

❊ ❊ ❊

राष्ट्रवाद एक विचित्र वस्तु है, जो देश के इतिहास के किसी खास मुकाम पर तो जीवन, उन्नति, शक्ति और एकता प्रदान करती है; लेकिन साथ ही इसको सीमित कर देने की भी प्रवृत्ति है, क्योंकि आदमी यह सोचने लगता है कि मेरा देश बाकी दुनिया से भिन्न है। इस तरह देखने का नजरिया बदलता जाता है, और आदमी अपने ही संघर्षों और अच्छाइयों और बुराइयों के सोचने में फँसा रहता है, और दूसरे विचार उसके सामने आते ही नहीं। नतीजा यह होता है कि वही राष्ट्रवाद, जो किसी जाति की उन्नति का प्रतीक होता है, मानसिक विकास के अवरुद्ध होने के प्रतीक बन जाता है।

— जवाहरलाल नेहरू के भाषण (खंड-1), पृ. 34

❊ ❊ ❊

राष्ट्रवाद जब सफल होता जाता है, तो कभी-कभी यह बड़े आक्रामक तरीके से चारों तरफ फैलता है, और दुनिया के लिए एक खतरा बन जाता है।

— जवाहरलाल नेहरू के भाषण (खंड-1), पृ. 34

❊ ❊ ❊

राष्ट्रीय मनोवृत्ति बहुत ही जटिल होती है। हममें से ज्यादातर लोग यह समझते हैं कि हम बड़े न्यायी और निष्पक्ष हैं। हमेशा गलती दूसरा शख्स या दूसरा मुल्क ही करता है। हमारे दिमाग में कहीं-न-कहीं यह इत्मीनान छिपा रहता है कि हम वैसे नहीं हैं, जैसे दूसरे लोग हैं, हममें और दूसरों में जरूर फर्क है—यह दूसरी बात है कि शराफत की वजह से हम बराबर उस बात को न कहें।

—मेरी कहानी, पृ. 695

* * *

राष्ट्रीयता का आदर्श एक गहरा और मजबूत आदर्श है, और यह बात नहीं की इसका जमाना बीत चुका हो—और आगे के लिए इसका महत्त्व न रह गया हो; लेकिन और भी आदर्श, जैसे अंतरराष्ट्रीयता और श्रमजीवी वर्ग के आदर्श—जो मौजूदा जमाने की असलियतों की बुनियाद पर ज्यादा कायम हैं—उठ खड़े हुए हैं, और अगर हम दुनिया की कशमकश को बंद कर अमन कायम करना चाहते हैं, तो हमें इन जुदा-जुदा आदर्शों के बीच एक समझौता कायम करना होगा, आदमी की आत्मा के लिए राष्ट्रीयता का जो आकर्षण है—इसका लिहाज करना पड़ेगा, चाहे उसके दायरे को कुछ सीमित ही करना पड़े।

—हिंदुस्तान की कहानी, पृ. 67

* * *

सांप्रदायिकता के साथ राष्ट्रवाद जीवित नहीं रह सकता। राष्ट्रवाद का मतलब हिंदू-राष्ट्रवाद, मुसलिम राष्ट्रवाद या सिख राष्ट्रवाद कभी नहीं होता। ज्योंही आप हिंदू, सिख, मुसलमान की बात करते हैं, त्योंही आप हिंदुस्तान के बारे में बात नहीं कर सकते। हरेक को अपने से यह सवाल पूछना होगा—मैं भारत को क्या बनाना चाहता हूँ—एक देश, एक राष्ट्र या कि दस-बीस-पच्चीस राष्ट्र—टुकड़ों-टुकड़ों में बँटा हुआ, जिसमें कोई ताकत न हो और जरा से झटके ले छोटे-छोटे टुकड़ों में बिखर जाए।

— जवाहरलाल नेहरू के भाषण (खंड-1), पृ. 56

* * *

सारी दुनिया में होनेवाली हाल की घटनाओं ने इसे साबित कर दिया है कि यह खयाल गलत है कि अंतरराष्ट्रीयता और जनता के आंदोलनों के आगे राष्ट्रीयता खत्म हो रही है। सच यह है कि राष्ट्रीयता की भावना लोगों में अब भी एक जोरदार भावना है, और इसके साथ परंपरा—मिल-जुलकर रहने और सामान्य मकसद की भावनाएँ जुड़ी हुई हैं।

—हिंदुस्तान की कहानी, पृ. 67

* * *

रीति-रिवाज

रीति-रिवाज जीवन से संबंध रखनेवाली बहुत सी चीजों को देखने का सिर्फ नजरिया ही है। उनका कोई महत्त्वपूर्ण अर्थ या उद्देश्य नहीं है, लेकिन फिर भी यह रीति-रिवाज हमारे रास्ते के रोड़े हैं।

— जवाहरलाल नेहरू के भाषण (खंड-1), पृ. 97

* * *

रूढ़िवादिता

जाती तौर पर मैं यह महसूस करता हूँ कि अगर हम पुरानी रूढ़ियों की जंजीर में बँधे रहे, तो हमारे लिए राजनीतिक या आर्थिक मामलों में कुछ भी आगे बढ़ सकना नामुमकिन है। आज के जमाने में इन खास-खास रिवाजों की उपयुक्तता का, और उनका मेल बिठाने का सवाल ऐसा है, जिस पर आपको सोचना है। दुनिया बेशक बदल गई है, और बड़ी जबरदस्त रफ्तार से दिन-दिन बदलती ही चली जा रही है। इस तब्दीली को न देखना, और उसके साथ अपना मेल बिठाकर न चलना हमारी परले दरजे की बेवकूफी है। इसका मतलब यह जरूरी नहीं कि हर पुरानी और बीती हुई चीज को हम छोड़ दें, और हर पश्चिमी चीज की नकल करने लगें, लेकिन हमें यह महसूस करने की कोशिश तो करनी ही होगी, कि जिंदगी की दौड़ में हम पीछे छूट गए हैं।

— जवाहरलाल नेहरू वाङ्मय (खंड-4), पृ. 17

* * *

रूस और भारत

कई पीढ़ियों से हिंदुस्तानियों में रूस का डर बिठाया गया है। इसलिए इस खयाली डर को दिल से निकाल देना शायद कुछ मुश्किल है, लेकिन अगर सच्चाई को सामने रखें तो हम एक ही नतीजे पर पहुँच सकते हैं—और वह यह है कि हिंदुस्तान को रूस से डरने की कोई वजह नहीं है।

— जवाहरलाल नेहरू वाङ्मय (खंड-4), पृ. 17

* * *

लघु उद्योग

जब हम उत्पादन की वृद्धि के विषय में बात करते हैं—वह चाहे अंदर का हो चाहे किसी दूसरी वस्तु का—तब यह आवश्यक है कि हम छोटे पैमाने पर होनेवाले उत्पादन को भी खूब प्रोत्साहन दें। आज सभी प्रकार की चीजों के छोटे पैमाने पर होने वाले उत्पादन को बहुत अधिक बढ़ाने की आवश्यकता है, क्योंकि सभी तरह की चीजों की कमी है।

— जवाहरलाल नेहरू के भाषण (खंड-1), पृ. 67

* * *

लोकतंत्र

हम लोकतंत्र और एकता के बारे में बात करते हैं, और मुझे आशा है कि देश में ज्यादा-से-ज्यादा लोकतंत्र होगा, और ज्यादा-से-ज्यादा एकता होगी। लोकतंत्र कोई शुद्ध राजनीतिक वस्तु नहीं है। 19वीं सदी में लोकतंत्र या प्रजातंत्र का मतलब लोग इतना ही समझते थे, कि हर आदमी का एक मत हो। उन दिनों के लिए काफी अच्छी संकल्पना थी, लेकिन यह अधूरी थी—और आजकल लोग अधिक व्यापक और गहरे प्रजातंत्र के बारे में सोचते हैं।

— जवाहरलाल नेहरू के भाषण (खंड-1), पृ. 27

❊ ❊ ❊

लोकतंत्र और समाजवाद

मैं समझता हूँ कि सिद्धांत : लोकतांत्रिक तरीकों से समाजवाद कायम किया जा सकता है, बशर्ते कि पूरा लोकतांत्रिक सिलसिला मौजूद हो। लेकिन व्यवहारतः इसमें बड़ी कठिनाइयाँ हो सकती हैं, क्योंकि समाजवाद के विरोधी जब देखेंगे कि उनकी ताकत को खतरा है, तो वे लोकतांत्रिक तरीकों को नामंजूर कर देंगे। लोकतंत्र की नामंजूरी समाजवादी सिम्त से नहीं होती, या उसे नहीं होना चाहिए। वह दूसरी ओर से होती है। बेशक वह सिम्त फासिज्म है।

— जवाहरलाल नेहरू वाङ्मय (खंड-7), पृ. 65

❊ ❊ ❊

लोकतंत्रीय तरीका

कभी-कभी यह कहा जाता है कि शांतिपूर्ण और लोकतंत्रीय तरीकों से प्रगति नहीं हो सकती। मैं इस बात को नहीं मानता। वास्तव में, भारत में आज यदि लोकतंत्रीय तरीकों को हटाने का कोई भी प्रयत्न किया गया, तो इससे सब कुछ अस्त-व्यस्त हो जाएगा—और निकट भविष्य में तरक्की की सब संभावनाएँ खत्म हो जाएँगी।

— जवाहरलाल नेहरू के भाषण (खंड-1), पृ. 53

❊ ❊ ❊

हमारे सामने बड़ी समस्याएँ हैं, और उन्हें हल करने के लिए हमें कठिन परिश्रम करना है। लेकिन यदि हमें इन समस्याओं को एक लोकतंत्रात्मक ढंग से हल करना है, तो इसके लिए जनता और केंद्रीय सरकार और राज्य सरकारों के बीच तथा भारत के सभी दलों और वर्गों के लोगों में आपस में बहुत अधिक सहयोग की आवश्यकता है।

— जवाहरलाल नेहरू के भाषण (खंड-1), पृ. 84

❊ ❊ ❊

लोहा

कदीम हिंदुस्तान में, जान पड़ता है कि लोहे के तैयार करने में बड़ी तरक्की हो गई थी। दिल्ली के पास एक बहुत बड़ा लोहे का खंभा है, जिसने आजकल के वैज्ञानिकों को दंग कर दिया है, और वे नहीं पता लगा सके हैं कि यह किस तरह बना होगा—क्योंकि इस पर न जंग लग सका है, और न दूसरी मौसमी तबदीलियों का असर पहुँचा है।

—हिंदुस्तान की कहानी, पृ. 140

* * *

'वंदे-मातरम्'

'वंदे मातरम्' निश्चय ही और निर्विवाद रूप से भारत का प्रमुख राष्ट्रगान है, जिसका इतिहास यद्यपि परंपरा से जुड़ा हुआ है, और साथ ही आजादी के लिए हमारे संघर्ष का भी स्वयं एक इतिहास है। इसकी यह स्थिति निश्चय ही आगे बनी रहेगी, और इसे कोई हटा नहीं सकता।

— जवाहरलाल नेहरू के भाषण (खंड-1), पृ. 21

* * *

वर्गविहीन समाज

मैं चाहता हूँ कि आज भी धर्म या जाति, भाषा या प्रांत के नाम पर जो संकीर्ण टकराव चल रहा है—वह खत्म हो, और ऐसा वर्ग-विहीन और जातिविहीन समाज बने, जिसमें हर व्यक्ति को अपनी योग्यता और गुणों के अनुसार फलने-फूलने का पूरा अवसर मिले। खासकर मैं आशा करता हूँ कि जात-पांत का यह अभिशाप जरूर मिट जाएगा, क्योंकि जात-पांत के आधार पर न तो लोकतंत्र आ सकता है और न समाजवाद।

— जवाहरलाल नेहरू के भाषण (खंड-1), पृ. 54

* * *

विक्रम

विक्रम बहुत जमाने से एक कौमी सूरमा और आदर्श राजा समझा जाता रहा है। उसकी याद एक ऐसे शासक के रूप में की जाती है, जिसने विदेशी हमला करनेवालों को मार भगाया। लेकिन उसकी कीर्ति की खास वजह उसके दरबार की साहित्यिक और सांस्कृतिक चमक-दमक है, जहाँ उसने कुछ मशहूर कवियों, कलावंतों और गवैयों को इकट्ठा किया था, और ये उसके दरबार के 'नवरत्न' कहलाते थे। उसके बारे में जो कथाएँ हैं, ज्यादातर ऐसी हैं, जिनसे उसकी अपनी प्रजा की भलाई करने की ख्वाहिश जाहिर होती है, और यह कि वह जरा-सी जरूरत पड़ने पर दूसरों को लाभ पहुँचाने के लिए अपने स्वार्थ का त्याग करता था। वह अपनी उदारता, दूसरों की सेवा, साहस और

निरभिमान के लिए मशहूर है। वह खासकर इस वजह से लोकप्रिय है कि वह एक अच्छा आदमी, कलाओं का हामी और सरपरस्त समझा जाता था।

—हिंदुस्तान की कहानी, पृ. 136

* * *

विज्ञान

अगर हम सही ढंग से विज्ञान का रवैया अख्तियार करें तो इसमें जरा भी संदेह नहीं कि हमेशा ही कुछ-न-कुछ भला होता है। यह हमें काम करने के नए-नए तरीके सिखाता है। शायद इससे औद्योगिक जिंदगी की स्थितियों में सुधार होता है; लेकिन बुनियादी चीज जो विज्ञान को सिखानी चाहिए, वह है कि सीधा सोचना, सीधा व्यवहार करना।

—जवाहरलाल नेहरू के भाषण (खंड-1), पृ. 97

* * *

क्या विज्ञान, जैसा कि अकसर माना जाता है, उद्योगों का साथी है? यह निस्संदेह उद्योग की सहायता करना चाहता है; लेकिन सिर्फ उसकी सहायता के लिए ही नहीं, बल्कि इसलिए कि यह राष्ट्र के लिए काम पैदा करना चाहता है, ताकि लोगों को बेहतर जिंदगी मिल सके और तरक्की के अधिकाधिक अवसर मिल सकें।

—जवाहरलाल नेहरू के भाषण (खंड-1), पृ. 95

* * *

तलाश के सफर में इनसान का दिमाग उसे बहुत दूर तक ले गया है। चूँकि उसने कुदरत को समझना सीख लिया है, उसने अपने फायदे के लिए उसका ज्यादा इस्तेमाल किया है और उसे लगाम दी है। इस तरह उससे ज्यादा ताकत हासिल कर ली है। लेकिन अफसोस की बात यह है कि इस नई ताकत का ठीक-ठीक इस्तेमाल करना न जानने की वजह से उसने अकसर इसका गलत इस्तेमाल किया है। खुद साइंस का इस्तेमाल भी उसने खास तौर पर इसलिए किया है कि वह उसके लिए खतरनाक हथियार मुहैया करे, ताकि वह अपने भाई की जान ले सके, और जिस सभ्यता को उसने इतनी मशक्कत से तैयार किया है—उसको बरबाद कर सके।

—जवाहरलाल नेहरू वाङ्मय (खंड 5), पृ. 383

* * *

विज्ञान केवल पुरानी चीज को बेहतर तरीके से दोहराता या बढ़ाता ही नहीं है; बल्कि कुछ ऐसी चीज भी पैदा करता है, जो संसार और मानव-ज्ञान के लिए नई हो।

—जवाहरलाल नेहरू के भाषण (खंड-1), पृ. 96

* * *

विचार

दुनिया खयालात के जरिए आगे बढ़ती है। विचार हमेशा फौजों के मुकाबले ज्यादा बड़ा होता है, और सबसे ज्यादा ताकतवर और अच्छी तरह से संगठित तानाशाही की बिस्बत कहीं ज्यादा टिकाऊ होता है। विचारों की ताकत सिपाहियों, बंदूकों, जेलखानों और कानूनों से भी बड़ी होती है। उनकी शुरुआत धीमी होती है, लेकिन उनका असर जबरदस्त होता है।

— जवाहरलाल नेहरू वाङ्मय (खंड-4), पृ. 1

❊ ❊ ❊

विचारों के प्रकाशन में बाहरी हस्तक्षेप बहुत बुरा है, लेकिन समाचारों को दबाने की मनोवृत्ति और कोशिश कहीं ज्यादा खतरनाक है।

— जवाहरलाल नेहरू वाङ्मय (खंड-6), पृ. 1

❊ ❊ ❊

सही काम यों ही नहीं हुआ करते। उसके पहले सही विचार होना चाहिए। उस विचार को गिरा हुआ हमल कहा जाता है, जिसका अंजाम काम में न निकले। और वह काम, जो विचार पर मुनहसिर न हो, गड़बड़ और उलझन पैदा करने वाला होता है। इसलिए यह मुनासिब होगा कि हमारे दिमागों में जो पेचीदा जाल बन गए हैं—हम उन्हें साफ कर दें, और हमारे सामने जो मौजूदा सवाल हैं—जिन बड़ी गुत्थियों को हमें सुलझाना है, आए दिन की हमारी जो परेशानियाँ हैं—उन्हें जरा देर के लिए भूल जाएँ, और बुनियादी हकीकतों और उसूलों की तरफ थोड़ा पीछे लौट आएँ।

— जवाहरलाल नेहरू वाङ्मय (खंड-6), पृ. 1

❊ ❊ ❊

हिंदू अवतारों में विश्वास करते हैं, लेकिन मेरी राय में असली अवतार विचार हैं। नए विचार बड़े परिवर्तन ले आते हैं। आज हम देखते हैं कि ये नए विचार इनसानियत को झकझोर रहे हैं। साम्राज्य बनते हैं और मिट जाते हैं, लेकिन मेरा खयाल है कि विचार साम्राज्यों को प्रभावित करते हैं। ये नए विचार भारतीय बुद्धिजीवियों के दिमाग में आते हैं। वह क्या बात है, जो किसी सभा में कोई भाषण सुनने के लिए, इन अधभूखे लोगों को इतनी बड़ी तादाद में खींच लाती है?

— जवाहरलाल नेहरू वाङ्मय (खंड-7), पृ. 323-324

❊ ❊ ❊

विचार-स्वातंत्र्य

अलग-अलग रायें हों, अलग-अलग रायों का इजहार हो—मैं चाहता हूँ। मैं यह नहीं चाहता कि हिंदुस्तान के लोग आँखें बंद करके एक आवाज उठाएँ, एक ही बात

कहें—गोयाकि उनके दिमाग नहीं, दिल नहीं। हमें हक है अपनी-अपनी आवाज उठाने का, लेकिन किसी हिंदुस्तानी को यह हक नहीं है कि वह हिंदुस्तान की आजादी के खिलाफ आवाज उठाए। किसी हिंदुस्तानी को यह हक नहीं है कि वह ऐसी बुनियादी बातों के खिलाफ आवाज उठाए, जो हिंदुस्तान की एकता को, हिंदुस्तान के इतिहास को कमजोर करे। क्योंकि अगर वह ऐसा करता है—तो वह चाहे या न चाहे, चाहे वह समझे या न समझे, वह हिंदुस्तान के और हिंदुस्तान की आजादी के खिलाफ गद्‌दारी करता है।

—लालकिले के प्राचीर से (भाग-1), पृ. 25

❋ ❋ ❋

एक आजाद मुल्क में यह जरूरी है कि खयालात की, विचारों की आजादी हो। जो चाहें, अपने खयालों का इजहार कर सकें; जो जिस राजनीतिक रास्ते पर चलना चाहें—उस पर चलें; चाहे दल बनाएँ, पार्टी बनाएँ सब-कुछ करें—ठीक है। क्योंकि अगर यह आजादी न हो तो मुल्क आजाद नहीं रहते। मुल्क गुलाम हो जाता है, दबा हुआ हो जाता है।

—लालकिले के प्राचीर से (भाग-1), पृ. 23

❋ ❋ ❋

मैं बोलने की आजादी का विरोधी नहीं हूँ। लेकिन मैं चाहता हूँ कि दूसरे लोग भी मुझे वैसी ही आजादी दें। मैं मतभेदों के बारे में खुले विचार-विमर्श का हिमायती हूँ। मैं इस बात का विरोधी हूँ कि पीठ-पीछे बहस-मुबाहसे किए जाएँ।

—जवाहरलाल नेहरू वाङ्मय (खंड-7), पृ. 233

❋ ❋ ❋

विजेता

ऐसे विजेता को, जो शांति का इच्छुक नहीं, कभी दूरगामी परिणाम प्राप्त नहीं होते, और जीतनेवाले और हारनेवाले दोनों को गहरे आघात उठाने पड़ते हैं, और दोनों को ही भविष्य के प्रति डर सताता रहता है। मैं यह कहना चाहूँगा कि आज की दुनिया का यह वर्णन गलत नहीं है। मनुष्य की तर्कबुद्धि और हमारी सारी मनुष्य-जाति के लिए यह प्रिय नहीं है। क्या यह अप्रिय स्थिति जारी रहनी चाहिए, और क्या विज्ञान और धन-संपत्ति की शक्ति को मनुष्य के विनाश के लिए इस्तेमाल किए जाते रहना चाहिए?

—जवाहरलाल नेहरू के भाषण (खंड-1), पृ. 193

❋ ❋ ❋

विदेश-नीति

विदेश-नीति केवल कुछ ऊँचे सिद्धांतों की घोषणा मात्र नहीं है, और नहीं सारी दुनिया के लिए आचरण करने का कोई हुक्म या आदेश है। यह हर मुल्क की अपनी-

अपनी ताकत के अनुसार नियंत्रित और प्रभावित होती है। अगर नीति देश की क्षमता को खयाल में रखकर नहीं बनाई जाती, तो इस पर अमल नहीं हो सकता। अगर कोई मुल्क छोटे मुँह बड़ी बात करता है, तो इससे उसको कोई श्रेय नहीं मिलता।

—जवाहरलाल नेहरू के भाषण (खंड-1), पृ. 220

❋ ❋ ❋

विदेशी भाषा

मेरे विचार में, हम भारतवासियों के लिए—एक विदेशी भाषा को अपनी सरकारी भाषा के रूप में स्वीकारना सरासर अशोभनीय होगा। मैं आपको कह सकता हूँ कि बहुत बार जब हम लोग विदेशों में जाते हैं, और हमें अपने ही देशवासियों से अंग्रेजी में बातचीत करनी पड़ती है, तो मुझे कितना बुरा लगता है। लोगों को बहुत ताज्जुब होता है, और वे हमसे पूछते हैं कि हमारी कोई भाषा नहीं है? हमें विदेशी भाषा में क्यों बोलना पड़ता है?

—जवाहरलाल नेहरू के भाषण (खंड-1), पृ. 43

❋ ❋ ❋

यह ठीक है कि हम अंग्रेजी का बहिष्कार नहीं करते, और इसका वैज्ञानिक और दूसरे कार्यों में इस्तेमाल हो सकता है। मैं सिर्फ यह कह रहा हूँ कि किसी भी राष्ट्रीय दृष्टि से, या स्वाभिमान की दृष्टि से हम बहुत देर तक विदेशी भाषा में सरकारी कामकाज चालू नहीं रख सकते।

—जवाहरलाल नेहरू के भाषण (खंड-1), पृ. 44

❋ ❋ ❋

विद्युत

उद्योग के विकास के लिए—सबसे पहले अनिवार्य चीज है बिजली। किसी देश ने कितनी तरक्की की है, इसका निर्णय इस बात से हो सकता है कि वहाँ बिजली कितनी है। किसी भी मुल्क के लिए यह विकास की एक अच्छी कसौटी है।

—जवाहरलाल नेहरू के भाषण (खंड-1), पृ. 112

❋ ❋ ❋

विश्वविद्यालय

यदि विश्वविद्यालय आधारभूत बुद्धि, बुनियादी समझ नहीं दे सकते, यदि वे केवल ऐसे डिग्रीधारी व्यक्ति निकालते जाने की भाषा में ही सोचते रहते हैं—जो केवल नौकरियों के इच्छुक हैं, तो विश्वविद्यालय बहुत मामूली हद तक बेकारी की समस्या को हल कर सकेंगे, अथवा कुछ इधर-उधर की तकनीकी या अन्य किस्म की सहायता दे

सकेंगे; किंतु वे ऐसे व्यक्ति नहीं पैदा कर सकेंगे, जो आज की समस्याओं को समझ अथवा हल कर सकेंगे।

—नेहरू और नई पीढ़ी, हरिदत्त शर्मा, पृ. 133

❋ ❋ ❋

विश्वविद्यालय मानवीयता, सहनशीलता, तरक्की और वैचारिक अध्यवसाय तथा सत्य खोज के लिए काम करता है। यह मानव-जाति की निरंतर ऊँचे लक्ष्यों की दौड़ के लिए काम करता है। यदि विश्वविद्यालय अपना कर्तव्य ठीक से पूरा करें, तो यह मनुष्य और समूचे राष्ट्र के लिए शुभ होगा; लेकिन यदि सरस्वती का यह मंदिर क्षद्रु दंभ और छोटे-मोटे स्वार्थों को ही पूरा करे, तो क्या राष्ट्र या उसके लोगों की प्रतिष्ठा बढ़ेंगी?

—जवाहरलाल नेहरू के भाषण (खंड-1) पृ. 238

❋ ❋ ❋

विश्वशांति

अंतरराष्ट्रीय दृष्टि से, आज का बड़ा सवाल विश्वशांति का है। आज हमारे लिए यही विकल्प है कि हम दुनिया को उसके अपने रूप में ही स्वीकार करें, एक-दूसरे के लिए ज्यादा सहनशीलता पैदा करें। हम देश को इस बात की स्वतंत्रता रहे कि वह अपने ढंग से अपना विकास करे और दूसरों से सीखे, लेकिन दूसरे उस पर अपनी कोई चीज नहीं थोपें। निश्चय ही इसके लिए एक नई मानसिक विधा चाहिए। पंचशील या पाँच सिद्धांत यही विधा बताते हैं।

—जवाहरलाल नेहरू के भाषण (खंड-1), पृ. 53

❋ ❋ ❋

वेद

वेद आर्यों के उस समय के भावोद्गार हैं, जबकि वे हिंदुस्तान की हरी-भरी भूमि पर आए। वे अपने कुल के विचारों को अपने साथ लाए, उस कुल के जिसने ईरान में 'अवेस्ता' की रचना की, और हिंदुस्तान की जमीन पर उन्होंने अपने विचारों को विस्तार दिया। वेदों की भाषा 'अवेस्ता' की भाषा से अद्भुत रूप से मिलती-जुलती है, और यह बताया जाता है कि वेद 'अवेस्ता' के जितने नजदीक हैं—उतने खुद इस देश के महाकाव्यों की संस्कृत के नजदीक नहीं हैं।

—हिंदुस्तान की कहानी, पृ. 100-101

❋ ❋ ❋

वेश्यावृत्ति

तय है कि वेश्यावृत्ति एक बुराई और ऐसा नासूर है, जो समाज को खाए जा रहा है। लेकिन इतिहास की शुरूआत से ही यह मौजूद है, इसलिए अगर हम एकाएक इसे

खत्म कर देने की सोचें, तो वह हमारी हिमाकत ही होगी। लेकिन नैतिकता, सार्वजनिक स्वास्थ्य की बेहतरी के लिए, इसकी बुराइयाँ कम करने की हर जगह कोशिशें हो रही हैं।— *जवाहरलाल नेहरू वाङ्मय (खंड-2), पृ. 13*

* * *

यह एक जानी-बूझी बात है कि वेश्यावृत्ति बहुत कुछ दो वजह से होती है—माली और इनसानी। कितने ही उपनियम बनाने के बजाय अगर हम औरतों की हालत ऊपर उठा सकें, और उनके लिए इज्जत की कमाई के रास्ते खोल दें, तो यह बुराई कम हो सकती है। इनसानी पहल से निपटना इससे भी ज्यादा मुश्किल है, लेकिन जिस किसी बात से समाजी तरक्की हो, और औरतों-मर्दों में बराबरी आए, उससे समस्या के हल में मदद ही मिलेगी। वेश्याओं के हमारे बीच रहने से हमारी नैतिक भावना को आघात लगता है; लेकिन वेश्याएँ वेश्यावृत्ति का अपना पुराना धंधा खुद ही नहीं करतीं, वे तो सौदे का एक पहलू है। दूसरा जो पहलू है—बेचारी औरतों का शोषण करके उन पर ही सारा दोष डालने वाली आदमियों की जो जमात है, उसके खिलाफ कोई बात शायद ही कभी सुनाई पड़ती है। वेश्यावृत्ति को दूर करने का सही तरीका यही है कि स्त्रियों की तरह ही—उसमें मदद करनेवाले पुरुषों की भी निंदा की जाए। नियम-उपनियमों से हम ऐसा नहीं कर सकते, बल्कि यह काम तो सार्वजनिक भावना को ऊँचा उठाकर ही किया जा सकता है। अगर लोकमत काफी मजबूत हो, तो शोषण और उसके साफ दिखाई देनेवाले नतीजों को हम कहीं कम कर सकते हैं। बेशक जब तक स्त्री-पुरुष कुल मिलाकर आज से अच्छे नहीं बन जाते, तब तक थोड़ी-बहुत वेश्यावृत्ति तो बनी ही रहेगी।

— *जवाहरलाल नेहरू वाङ्मय*

* * *

व्यवसायगत असामाजिकता

वकील के पेशे की तरह कुछ दूसरे असामाजिक धंधे भी हैं। दरअसल, आज भी हिंदुस्तान में सबसे ज्यादा इज्जत उन्हीं लोगों को हासिल है, जो खुद कुछ नहीं करते; और उनके पुरखे उनके लिए जो कुछ छोड़ गए हैं, उसी के सहारे ऐशो-इशरत की जिंदगी बसर करते हैं। हमें इन सारे असामाजिक लोगों का खयाल नहीं करना चाहिए।

— *जवाहरलाल नेहरू वाङ्मय (खंड-6), पृ. 490*

* * *

शक्ति

अगर हम भले हैं, अगर हम मजबूत हैं—तो हिंदुस्तान मजबूत है, और अगर हम कमजोर हैं तो हिंदुस्तान कमजोर है। अगर हमारे दिल में ताकत और हिम्मत है और कूबत है, तो वह हिंदुस्तान की ताकत हो जाती है। अगर हममें फूट है, लड़ाई और

कमजोरी है, तो हिंदुस्तान कमजोर है। हिंदुस्तान हमसे कोई एक अलग चीज नहीं है, हम हिंदुस्तान के एक छोटे टुकड़े हैं। हम उसकी औलाद हैं। और इसी के साथ याद रखिए कि हम जो आज सोचते हैं और जो काररवाई करते हैं, उससे कल का हिंदुस्तान बनता है।

—लालकिले के प्राचीर से (भाग-1), पृ. 5

❊ ❊ ❊

आजादी एक ऐसी चीज है कि जिस वक्त आप गफलत में पड़ेंगे, वह फिसल जाएगी। वह जा सकती है, वह खतरे में पड़ जाती है—ताकत क्या चीज है?—एक मुल्क की ताकत होती है—उसकी फौज, उसका सामान, उसके हवाई-जहाज, उसके समुंदरी जहाज। लेकिन आखिर में बड़ी-से-बड़ी और बहादुर फौज मुल्क की हिफाजत नहीं करती, आखिर में हिफाजत करते हैं—उस मुल्क के लोगों के दिल। देखना यह होता है कि वे तगड़े हैं कि नहीं, वे छोटी बातों में पड़ते हैं या बड़ी बातों की तरफ देखते हैं, वे आपस में मिलते हैं या आपस में लड़ाई करते हैं। आखिर में वह ताकत होती है, फौज के पीछे भी—और यों भी जो मुल्क को मजबूत करती है।

—लालकिले के प्राचीर से (भाग-1), पृ. 34

❊ ❊ ❊

संगीनों के बल पर हम एकता या मेल नहीं प्राप्त कर सकते। इसलिए हमारी नीति, उनको डराने की बजाय उनका मन जीतने की होनी चाहिए।

—जवाहरलाल नेहरू के भाषण (खंड-1), पृ. 228

❊ ❊ ❊

हम एक बड़े मुल्क के रहनेवाले हैं। जबरदस्त मुल्क है, जबरदस्त उसका इतिहास है। बड़े मुल्क के रहने वाले बड़े दिल के होने चाहिए। बड़े रास्ते पर हमें चलना है—झुकके नहीं, गलत बातों पर नहीं, चालबाजी से नहीं। शान से हमने हिंदुस्तान को आजाद किया, शान से हमें आगे बढ़ना है, शान से हमें यह जो हिंदुस्तान की आजादी की मशाल है—उसको लेकर चलना है, और जब हमारे हाथ कमजोर हो जाएँ तो औरों को देना है, ताकि नौजवान हाथ उसको उठाएँ, और हम अपना काम पूरा करके फिर चाहे खाक में मिल जाएँ। लेकिन जब तक हाथ में, जिस्म में, शरीर में ताकत और बल है, उस वक्त तक उस ताकत को, इस मुल्क को आगे बढ़ाने में, इस मुल्क के करोड़ों आदमियों की खिदमत करने में इस्तेमाल करें, काम में लाएँ; और जब ताकत खत्म हो जाए तो हमारा काम भी खत्म हुआ। फिक्र नहीं, हमारा क्या होता है। और लोग आएँगे।

—लालकिले के प्राचीर से (भाग-1), पृ. 47-48

❊ ❊ ❊

हमें तैयार होना है, तगड़ा होना है, मजबूत होना है; और जो-जो तकलीफें और मुसीबतें आएँ, उनका हिम्मत हार के नहीं, बल्कि मजबूती से सामना करना है। क्योंकि मुझे इत्मीनान है कि हिंदुस्तान का भविष्य एक जबरदस्त भविष्य है इसके सामने। यह नहीं कि हम और मुल्कों को फतह करें और उन्हें हराएँ। मुल्कों के लिए वे जमाने गए। और जो कोई बड़े-से-बड़ा मुल्क दूसरे मुल्क को दबाना चाहे और अपनी हुकूमत में लाना चाहे तो आजकल के जमाने में वह बदनाम होता है और आखिर में उसे हार माननी होती है।

—लालकिले के प्राचीर से (भाग-1), पृ. 44

❊ ❊ ❊

हर बड़ी लड़ाई में उतार-चढ़ाव आते हैं, और वक्ती नाकामयाबियाँ भी होती हैं। जब भी ऐसी रुकावट आती है तो उसकी प्रतिक्रिया होती है, जब भी कौमी ताकत का खजाना खाली हो जाता है तो उसमें दुबारा ताकत भरनी पड़ती है।

—जवाहरलाल नेहरू वाङ्मय (खंड-7), पृ. 172

❊ ❊ ❊

शब्द

शब्द कितने सीमित हैं, और वे हमें अपने-आपसे छिपाते हैं। कभी हम उनके पुरानेपन में पनाह खोजते हैं, और कभी उनके संगीत में अपने को खो बैठते हैं। और हम चाहे जितना पीछा करें, सच्चाई हमेशा हमारी आँखों से ओझल रहती है। लेकिन क्या सचमुच हम उसका पीछा करते हैं, और उसे पाना चाहते हैं? मेरा खयाल है, बहुत कम लोगों में ऐसा करने की हिम्मत होती है, क्योंकि सच्चाई अपने अंदर स्वर्ग और नरक दोनों को छिपाए रहती है। बढ़-चढ़कर बातें करने के बावजूद हम उसे टालना चाहते हैं, और उससे बचने के लिए अपनी कल्पना के विशाल विस्तार में धोखे की टट्टी खड़ी करते हैं, और खयाली महल बना लेते हैं। फिर हम शब्दों को कसूरवार क्यों मानें? हम खुद ही उनका सही इस्तेमाल करना नहीं जानते, या फिर वैसी हिम्मत नहीं करते।

—जवाहरलाल नेहरू वाङ्मय (खंड-7), पृ. 9

❊ ❊ ❊

शहीद

अपनी किस्मत की एक नाजुक घड़ी में अगर आज हम—अपनी ताकत और कमजोरी दोनों को जानते हुए, और भविष्य के बारे में उम्मीद और अंदेशा दोनों के लिए यहाँ इकट्ठे हुए हैं, अच्छा है कि हमें पहला खयाल उन लोगों का आए, कि जिन्होंने किसी पुरस्कार की उम्मीद के बगैर अपनी जिंदगी इसलिए बिता दी—कि उनके बाद आनेवालों को कामयाबी की खुशी हासिल हो सके। पुराने जमाने के कितने ही महान्

लोग हमारे साथ नहीं हैं, और बाद वाले जमाने के हम उन्हीं के द्वारा निर्मित एक ऊँचाई पर खड़े होकर, अकसर उनके कामों की बुराई करने लगते हैं। यही दुनिया का तरीका है। लेकिन आपमें कोई भी उन्हें, या उस बड़े काम को नहीं भूल सकता, जो उन्होंने एक आजाद हिंदुस्तान की बुनियाद डालने के लिए किया था। और न हममें कोई उन पुरुषों और स्त्रियों की शानदार मंडली को ही कभी भूल सकता है, जिन्होंने बिना नतीजों का खयाल किए एक विदेशी आधिपत्य की जबरदस्त मुखालफत करते हुए अपनी जवान जानें दे दीं, या अपनी शानदार जवानी कष्ट और यातना में बिताई। उनमें से कितनों के नाम तक हमें मालूम नहीं। लोगों से वाहवाही पाने की उम्मीद किए बगैर, वे चुपचाप काम करते और कष्ट झेलते रहे, और अपने कलेजे के खून से उन्होंने हिंदुस्तान की आजादी के नाजुक पौधे को सींचा।

— जवाहरलाल नेहरू वाङ्मय (खंड-4), पृ. 186

* * *

शांति

ज्यों-ज्यों आदमी बड़ा होकर सयाना होता है, त्यों-त्यों माद्दी दुनिया या वस्तु-जगत से उसका संतोष हटता जाता है—और वह उसमें पूरी तरह उलझने से बचता है। वह दिमाग और रूहानी तस्कीन चाहता है, उसे भीतरी अर्थ की तलाश होती है। यही बात सभ्यताओं और लोगों पर भी लागू होती है। ज्यों-ज्यों वे बढ़कर सयाने होते हैं—हर एक सभ्यता में और हर एक जाति में, अंदरूनी जिंदगी और बाहरी जिंदगी की ये साथ-साथ चलनेवाली धाराएँ मिलेंगी। जब ये धाराएँ एक-दूसरे से मिल जाती हैं, या नजदीक रहती हैं, तब सम-तोल और पायदारी रहती है; जब ये एक-दूसरे से दूर हो जाती हैं, तब कशमकश पैदा होती है, और ऐसे संकट सामने आते हैं, जो दिमाग और रूह को तकलीफ पहुँचाते हैं। *—हिंदुस्तान की कहानी, पृ. 106-107*

* * *

शिक्षा

पुराना जमाना अब लद चुका, और हर स्त्री और पुरुष को शारीरिक रूप से सुंदर और स्वस्थ, तथा मानसिक रूप से चुस्त होकर रचनात्मक, उत्पादनात्मक काम करना होगा। जमाना जल्द ही आ रहा है, जबकि लोग उस व्यक्ति को सहन नहीं करेंगे, जो काम नहीं करता। इसलिए शिक्षा की स्वत:सिद्ध वांछनीयता के अतिरिक्त, लोगों को आत्मरक्षा की भावना से भी, चाहे आत्मरक्षा एक राष्ट्र के मुकाबले करनी हो और चाहे अंदरूनी तौर पर शिक्षा ग्रहण करनी चाहिए।

— नेहरू और नई पीढ़ी : हरिदत्त शर्मा, पृ. 162

* * *

मैं ऊँची शिक्षा का विरोधी नहीं हूँ, किंतु मैं चाहता हूँ कि शारीरिक और बौद्धिक श्रम के बीच संतुलन हो। इन दोनों चीजों में जितना समन्वय होगा, उतना ही आदमी जीवन के निकट होगा, और उतना ही उसका जीवन सर्वांगपूर्ण होगा।

—नेहरू और नई पीढ़ी : हरिदत्त शर्मा, पृ. 211

❋ ❋ ❋

विद्यार्थी का पहला काम है—अपने दिमाग और जिस्म को तालीम देना, और उन्हें विचार, समझदारी और काम के लिए समुचित साधन बनाना। तालीम के बिना वह न तो पुरअसर तरीके से सोच सकता है, न काम कर सकता है। लेकिन तालीम सिर्फ अच्छी-भली सलाह से नहीं होती। उसके लिए किसी हद तक काम में लगना पड़ता है। सामान्य स्थितियों में सैद्धांतिक शिक्षा के मुकाबले, उस काम का दरजा दोयम होना चाहिए; लेकिन उसका बहिष्कार नहीं किया जा सकता, नहीं तो शिक्षा अधूरी रह जाएगी।

—जवाहरलाल नेहरू वाङ्मय (खंड-7), पृ. 450

❋ ❋ ❋

शिक्षा का उद्‌देश्य मनुष्य के मन को मुक्त करना है, न कि उसे बाँधे हुए चौखटों में बंद करना है।

—नेहरू और नई पीढ़ी : हरिदत्त शर्मा, पृ. 82

❋ ❋ ❋

श्रमिक संगठन

ज्यादा अच्छा यह है कि श्रमिक वर्ग उचित रूप से संगठित हो, उसे संगठन की स्वतंत्रता प्राप्त हो, उसे अपने हितों की रक्षा की स्वतंत्रता हो। यह स्थिति श्लाघनीय नहीं कि मजदूर असंगठित रहें, अपनी रक्षा न कर सकें और अपना काम ठीक से पूरा न कर सकें। इसलिए हमने उन्हें संगठित होने के लिए प्रोत्साहन दिया है।

—जवाहरलाल नेहरू के भाषण (खंड-1), पृ. 87

❋ ❋ ❋

संप्रदायवाद

मैं आपको पहले ही बता चुका हूँ कि मैं किस तरह का हिंदुस्तान बनाना पसंद करूँगा। उसमें संप्रदायवाद या मताग्रही लोगों के लिए जगह नहीं होगी। बेशक संप्रदायवाद के साथ बेरहमी से जूझना और उसे दबाना होगा। लेकिन, दरअसल, मैं नहीं सोचता कि उसकी इतनी ताकत है, जितनी बताई जाती है। यह आज दानव हो सकता है, पर उसके पैर मिट्टी के हैं। वह मुख्य रूप से क्रोध और आवेश की उपज है, और जब हम फिर से होश-हवास में आ जाएँगे तो वह शून्य में खो जाएगा। एक कल्पना है, जिसका

वास्तविकता से कोई संबंध नहीं है, इसलिए वह टिक नहीं सकती।

—जवाहरलाल नेहरू वाङ्मय (खंड-3), पृ. 219

* * *

संप्रदायवाद पवित्र प्रस्तावों से या एकता की लगातार बातचीत से नहीं आ सकता। अगर आप इसकी जाँच करेंगे तो आपको पता चलेगा, कि इसके मूल में बुद्धिजीवियों की रोटी और बड़ी नौकरियों को पाने की इच्छा है। इसका जनता से कोई संबंध नहीं है, और जनता को भ्रमित और गुमराह कर दिया जाता है। और उसकी असली मुसीबतों को भुलवा दिया जाता है। अगर आप अपना ध्यान आर्थिक मामलों पर, जो कि अपना महत्त्व रखते हैं, केंद्रित करें तो आप अपने-आप उन्हें संप्रदायवाद और झूठी धार्मिक मनोवृत्ति से दूर कर देंगे।

—जवाहरलाल नेहरू वाङ्मय (खंड-3), पृ. 254

* * *

संरक्षण

इतना कहने से कोई लाभ नहीं होगा—कि आदिम जाति के हर आदमी को एक-एक वोट दे दिया है, और हमारा कर्तव्य पूरा हो गया है। तो क्या सैकड़ों-हजारों सालों तक अपना कर्तव्य पूरा न करके, हम समझते हैं कि हमने उन्हें एक वोट देकर अपनी आगे तक की भी जवाबदेही पूरी कर डाली है? इसलिए हमें हमेशा उन लोगों का स्तर उठाने के बारे में सोचना होगा, जो अब तक अवसरों से वंचित रहे हैं। मैं व्यक्तिगत रूप से ऐसा नहीं सोचता कि स्थान सुरक्षित करना, या इसी तरह के दूसरे राजनीतिक काम करना ही सबसे अच्छा तरीका है। मेरे खयाल से इसका सबसे अच्छा, बुनियादी और मौलिक तरीका—उन लोगों की तेजी से आर्थिक और शिक्षा-संबंधी उन्नति करना है। फिर वे अपने आप अपने पैरों पर खड़े हो जाएँगे।

—जवाहरलाल नेहरू के भाषण (खंड-1), पृ. 28

* * *

चाहे आप किसी व्यक्ति की बात लें, या समूह या संप्रदाय की, कुछ दूसरों से ज्यादा देने में एक बहुत बड़ा खतरा यह रहता है कि उसमें एक ताकत की झूठी भावना घर कर जाती है, जो असल में उसमें होती नहीं है। ये चीजें बाहरी होती हैं, और जब अचानक उससे ले ली जाती हैं तो वह संप्रदाय या वर्ग कमजोर पड़ जाता है। स्थानों का संरक्षण या इसी तरह की दूसरी चीजें, बाहरी सहारा देना—कह सकते हैं कि कभी-कभी तो पिछड़े वर्गों के लिए सहायक हो सकता है, लेकिन उससे एक झूठे राजनीतिक संबंध या झूठी ताकत का गुमान हो जाता है। *—जवाहरलाल नेहरू के भाषण (खंड-1), पृ. 28-29*

* * *

संविधान

हमने एक संविधान बनाया, और उसका हमें पालन करना चाहिए। लेकिन यह नहीं कहा जा सकता कि उस संविधान का हर हिस्सा, हर अध्याय पवित्र है कि वह कभी बदला नहीं जा सकता, भले ही मुल्क या राष्ट्र का जरूरत कैसी भी हो। यदि ऐसा समझा गया कि संविधान का कोई भाग राष्ट्र की उन्नति के मार्ग में बाधक होता है, तो निश्चय ही इसे बदला जा सकता है। यों ही हल्के ढंग से नहीं, बल्कि पूरे विचार-विमर्श के बाद।

—जवाहरलाल नेहरू के भाषण (खंड-1), पृ. 105

* * *

संस्कृत

दुनिया की शायद ही किसी और भाषा ने किसी जाति के इतिहास में इतनी जबरदस्त भूमिका निभाई हो, जितनी संस्कृत ने निभाई है। यह उच्चतम विचारों और कतिपय श्रेष्ठतम साहित्य की ही वाहक नहीं रही, बल्कि राजनीतिक विभाजन के बावजूद भारत को बाँधने का सूत्र भी रही। हजारों वर्षों तक रामायण और महाभारत—हर पीढ़ी के करोड़ों लोगों के जीवन में ताने-बाने की तरह बुने जाते रहे।

—जवाहरलाल नेहरू के भाषण (खंड-1), पृ. 50

* * *

संस्कृति

इस मुल्क में संस्कृति कहाँ है? इस मुल्क में खौफनाक गरीबी है, और आप संस्कृति की बातें करते हैं! मैं कहता हूँ—यह मजाक है। संस्कृति में मेरा विश्वास है। मैं चाहता हूँ कि लाखों-लाख लोगों में संस्कृति फैले, सिर्फ ऊपरी तबके के कुछ लोगों की संस्कृति मैं नहीं चाहता। क्या आप भारतीय मानवता की पीड़ा के ऊपर संस्कृति का निर्माण करने जा रहे हैं? वह संस्कृति नहीं है। हमारे यहाँ संस्कृति का उत्कृष्ट और महान् और पुराना इतिहास रहा है; लेकिन जल्दी ही उसकी जड़ें सूख गईं, क्योंकि उसने देश के जन-साधारण से प्रेरणा नहीं ली।

—जवाहरलाल नेहरू वाङ्मय (खंड-7), पृ. 509

* * *

किसी भी देश के बाशिंदों की संस्कृति की जड़ें उसकी राष्ट्रीय प्रकृति में होनी चाहिए। उससे मिट्टी की सुगंध आनी चाहिए। और उसे अपने पिछले इतिहास से प्रेरणा लेनी चाहिए। लेकिन वह अपने पूर्वजों की कमाई या बैंक के पुराने हिसाब पर, जिसमें कुछ भी जमा नहीं किया गया है—हमेशा जीवित नहीं रह सकती। वह जीवंत और विकासशील होनी चाहिए, नई स्थितियों के लिए सजग रहनी चाहिए, और इतनी लचीली कि इनके साथ अपना मेल बिठा सके। हिंदुस्तान में जिस घड़ी हमने अपनी संस्कृति को विदेशी हमले से बचाने के लिए अलचीला बनाया, उसी घड़ी हमने उनके

स्वाभाविक विकास को रोक दिया—और धीरे-धीरे उसे लकवा मारता गया और उसे मौत के नजदीक ले गया।

—जवाहरलाल नेहरू वाङ्मय (खंड-6), पृ. 375-376

❊ ❊ ❊

संस्कृति का मतलब है—मन और आत्मा की विशालता और व्यापकता। इसका मतलब दिमाग को तंग रखना, या आदमी या मुल्क की भावना को सीमित करना कभी नहीं होता। *—जवाहरलाल नेहरू के भाषण (खंड-1), पृ. 97*

❊ ❊ ❊

संस्कृति जो लाजमी तौर पर अच्छी चीज है, गलत-नजरिया रखने से केवल गतिहीन ही नहीं, बल्कि आक्रामक और ऐसी चीज बन जाती है—जिससे झगड़ा-फसाद और नफरत पैदा होती है।

—जवाहरलाल नेहरू के भाषण (खंड-1), पृ. 34

❊ ❊ ❊

संस्कृति बहुत सी चीजों पर आधारित है। अगर हम उस साँचे को लें, जिसमें कोई लोग या राष्ट्र शुरू की अवस्था में ढले हों—तो यह पाएँगे कि इस पर भूगोल, जलवायु और हर तरह का दूसरी चीजों का प्रभाव पड़ा है। भारत की संस्कृति भी, जैसा कि हम अपने साहित्य में देखते हैं, बहुत-सी चीजों के अलावा हिमालय, वनों और महान् नदियों से बहुत अधिक प्रभावित है। यहाँ की मिट्टी में से यह स्वाभाविक रूप से उगी है।

—जवाहरलाल नेहरू के भाषण (खंड-1), पृ. 31

❊ ❊ ❊

संस्कृति मानव मन की उपज है।

—यूनेस्को सिम्पोजियम (नई दिल्ली 20-12-1951)

❊ ❊ ❊

सत्य

कोई इनसान या कोई मुल्क कीचड़ में से होकर अपने को ऊँचा नहीं करता। घुटने के बल चलकर और सिर झुकाकर हम आगे नहीं जाना चाहते। हम तनकर, शान से, जो सच बात है उसको कहकर, और सच्चाई के रास्ते पर चलकर आगे बढ़ें तो हमारी ताकत भी बढ़ेगी, और दुनिया में हमारी इज्जत भी बढ़ेगी। उस वक्त किसी दुश्मन की हिम्मत भी नहीं होगी कि हमारा सामना करे। *—लालकिले के प्राचीर से (भाग-1), पृ. 11*

❊ ❊ ❊

सच्चाई को बार-बार दोहराना कोई अच्छी बात नहीं, क्योंकि उससे नागवार बातों की नागवार याददिहानी होती है।

—जवाहरलाल नेहरू वाङ्मय (खंड-6), पृ. 6

❊ ❊ ❊

सभ्यता

साम्राज्यों की तरह सभ्यताओं का पतन भी—बाहरी दुश्मनों की ताकत की वजह से इतना नहीं होता, जितना कि अंदरूनी कमजोरी और सड़न की वजह से।

—विश्व इतिहास की झलक (भाग-1), पृ. 255

❋ ❋ ❋

समझ

आज दुनिया में जिसकी सबसे ज्यादा कमी है, वह शायद राष्ट्रों और लोगों को आपस में, एक-दूसरे के बारे में समझ और प्रशंसा के भाव की है।

—जवाहरलाल नेहरू के भाषण (खंड-1), पृ. 190

❋ ❋ ❋

जो व्यक्ति दूसरे के विचारों को नहीं समझ सकता, तो उसका दिमाग और संस्कृति उतनी ही सीमा तक सीमित है; क्योंकि कुछ इने-गिने असाधारण मनुष्यों को छोड़कर शायद ही ऐसा कोई व्यक्ति हो, जो पूरा-पूरा ज्ञान और बुद्धि रखता हो। दूसरे पक्ष या अन्य समूह के पास भी कुछ-न-कुछ ज्ञान और बुद्धि हो सकती है, और अगर हम अपना दिमाग उसके लिए बंद कर देंगे, तो हम केवल अपने आपको उससे वंचित ही न रखेंगे, बल्कि ऐसा दिमागी रवैया बना लेंगे, जो मेरे खयाल से सुसंस्कृत मनुष्य के लिए अनुचित है।

—जवाहरलाल नेहरू के भाषण (खंड-1), पृ. 33

❋ ❋ ❋

हमें अपनी आँख और कान पूरी तरह खोले रखने चाहिए। हम अपने विचारों को उदार और लचीला रखें और ग्रहणशील रहें।

—जवाहरलाल नेहरू के भाषण (खंड-1), पृ. 187

❋ ❋ ❋

समझौता

आप समझौते के बिना कुछ नहीं कर सकते, किंतु एक समझौता गलत समझौता है—यदि वह इस अर्थ में अवसरवादी है कि इसका उद्‍देश्य सत्य नहीं है।

—संविधान-सभा में भाषण (8-3-1949)

❋ ❋ ❋

जीवन सदैव समझौते के लिए विवश करता है।

—आत्मकथा से

❋ ❋ ❋

समन्वय

पुराने जमाने में, समन्वय के लिए यहाँ एक भीतरी प्रेरणा रही है, और हमारी

तहजीब और कौम के विकास का आधार—खासकर हिंदुस्तान का—फिलसफियाना रुख रहा है। विदेशी तत्त्वों का हर हमला इस संस्कृति के लिए एक चुनौती था, और उसका सामना इसने हर बार एक नए समन्वय के जरिए, उन्हें अपने में जज्ब करके किया है। इस तरीके से उसका कायाकल्प भी होता रहा है; और अगरचे पृष्ठभूमि वही रही है। और बुनियादी बातों में कोई खास तबदीली नहीं हुई है—इस समन्वय के कारण संस्कृति के नए-नए फूल खिले हैं।

—हिंदुस्तान की कहानी, पृ. 100

❋ ❋ ❋

भारत एक अजीब मुल्क है, जिसकी अपनी एक विशेषता है—समन्वय और दूसरों को अपने में पचा लेना। जब यह समन्वय की क्षमता कम हो गई तो भारत कमजोर पड़ गया। भारत कई सौ साल तक कमजोर रहा, क्योंकि यह बंद मुल्क बन गया—और इसने बाहर की ओर देखना बंद कर दिया। पुराने जमाने में जब भारत बहुत गतिशील था तो भारतीय अपने धर्म, भाषा, संस्कृति, आदतों, कला और पुरातत्त्व को लेकर समूचे दक्षिण-पूर्व एशिया, पश्चिम एशिया और मध्य एशिया तक जा पहुँचे। अगर आप आज गोबी के रेगिस्तान में जाएँ, तो आपको तुहरन शहर में भारतीय संस्कृति, कला, भारतीय पुरातत्त्व के प्रमाण फैले दिखाई देंगे। वास्तव में संस्कृत भाषा के सबसे प्राचीन नाट्य-ग्रंथ भारत में नहीं, गोबी के रेगिस्तान में मिले हैं। इस भारतीय संस्कृति में, जो द्रविड़ और आर्य तत्वों के समन्वय से निकली, दोनों की शक्ति अंतर्निहित थी, और यह क्योंकि गतिशील थी—इसलिए चारों तरफ फैल गई।

—जवाहरलाल नेहरू के भाषण (खंड-1), पृ. 47

❋ ❋ ❋

समय

झगड़ा करने का समय अलग होता है, और मिल-जुलकर उद्योग करने का अलग। काम करने का समय अलग होता है, और खेलकूद का अलग। आज न झगड़ा करने का समय है, न बहुत खेलकूद का।

—जवाहरलाल नेहरू के भाषण (खंड-1), पृ. 6

❋ ❋ ❋

समस्या

भारत में अगर हम अपने देश की भोजन, वस्त्र, मकान आदि की बुनियादी समस्याओं को हल नहीं करते, तो हम चाहे अपने को पूँजीवादी कहते हों या समाजवादी, या साम्यवादी या कुछ और, हम अलग कर दिए जाएँगे—और हमारी जगह पर कोई दूसरा आएगा और उन्हें हल करने की कोशिश करेगा।

—जवाहरलाल नेहरू के भाषण (खंड-1), पृ. 89

❋ ❋ ❋

समाज

असमानता और अन्याय, अथवा एक वर्ग या समूह द्वारा दूसरे के शोषण के आधार पर किसी भी निर्दोष और स्थायी समाज का निर्माण नहीं किया जा सकता।

—विश्व इतिहास की झलक

❋ ❋ ❋

समाज असंख्य इनसानों से बना एक जीवित तंतु है। अगर उसका कोई अंश बीमार हो, या इनसानों की कोई जमात मुसीबत या भुखमरी की हालत में रहती हो तो क्या वह खुशहाल हो सकता है? अगर शरीर के अवयवों को लकवा मार गया है, तो दिल या दिमाग कब तक सही-सलामत रह सकेंगे?

—जवाहरलाल नेहरू वाङ्मय (खंड-3), पृ. 242

❋ ❋ ❋

समाजवाद

जिंदगी के मुतल्लिक मेरा नजरिया आमतौर पर एक समाजवादी का है, और भारत में और दुनिया में समाजवादी व्यवस्था को कायम होता देखना चाहूँगा। मैं नहीं जानता कि जब दुनिया पूरी तरह से निर्दोष हो जाए तो क्या होगा, और मैं इसकी बहुत ज्यादा परवाह नहीं करता। यह मसला आज नहीं खड़ा होता। अभी करने के लिए बहुत काफी काम है और यही हमारे लिए बहुत है। दुनिया निर्दोष हो जाएगी, या कि आज जैसी है उससे बहुत बेहतर हो जाएगी—इसका जवाब देने का खतरा मैं नहीं उठाऊँगा। लेकिन चूँकि मैं उम्मीद और भरोसा करता हूँ कि इसको बेहतर बनाने के लिए कुछ किया जा सकता है, मैं काम किए जाता हूँ।

—जवाहरलाल नेहरू वाङ्मय (खंड-5), पृ. 311

❋ ❋ ❋

नौजवानों को पुरानी लीक का गुलाम नहीं बनना चाहिए, बल्कि पुराने रीति-रिवाजों, परंपराओं और सरकार की ताकत को तोड़ना चाहिए। यह कहना गलत है कि समाजवादी विचारधारा हिंदू-धर्म या इसलाम के खिलाफ है। समाजवादी विचारों को कुचलने की तमाम कोशिशों के बावजूद, वे इसलिए तेजी के साथ फैलते जा रहे हैं कि समाज कितनी ही ऐसी सामाजिक और आर्थिक बुराइयों का शिकार है, जिन्हें फौरन दूर करने की जरूरत है।

—जवाहरलाल नेहरू वाङ्मय (खंड-4), पृ. 2

❋ ❋ ❋

मेरा विश्वास है कि विश्व-समस्याओं की, और हिंदुस्तान की समस्याओं को हल करने की कुंजी समाजवाद के पास है; और जब मैं इस शब्द का प्रयोग करता हूँ तो अस्पष्ट मानवतावादी रूप से नहीं, बल्कि वैज्ञानिक और आर्थिक रूप से करता हूँ। जो

भी हो, समाजवाद आर्थिक सिद्धांत से भी कुछ बड़ी बात है, यह जीवन-दर्शन है, और इस रूप में मुझे प्रभावित करता है। समाजवाद के सिवा गरीबी, व्यापक बेकारी, अध:पतन, और भारतीय जनता की गुलामी—को खत्म करने का दूसरा कोई रास्ता मुझे नजर नहीं आता। इसलिए हमारे राजनीतिक और सामाजिक ढाँचे में बहुत बड़े और क्रांतिकारी परिवर्तन की—जमीन और उद्योग-धंधों में निहित-स्वार्थों और भारतीय रजवाड़ों की सामंती और स्वेच्छाचारी व्यवस्था को खत्म करना जरूरी है। इसका मतलब है—सीमित अर्थ में व्यक्तिगत संपत्ति का खात्मा, और वर्तमान लाभ-प्रणाली को सहयोग सेवा के ऊँचे आदर्श में बदलना।

— जवाहरलाल नेहरू वाङ्मय (खंड-7), पृ. 176

* * *

वैज्ञानिक समाजवाद को मार्क्सवाद कहा जा सकता है। ब्रिटिश सोशलिस्ट पार्टी, जर्मन-डेमोक्रेट्स और अन्य महादेशीय समाजवादी इस अर्थ में मार्क्सवादी हैं कि वे आशा करते हैं कि सारी बातें नियतिवादी प्रणाली से होंगी, जबकि वे सामाजिक पतन के निष्क्रिय दर्शक बने रहते हैं। दूसरी ओर, साम्यवादियों का विचार है कि पतन की ओर ऐसे बढ़ाव को एक धक्का लगना चाहिए। यह कहना मुश्किल है कि समाजवादी कौन है। ऐसा माना जाता है कि पूर्ण जनतंत्र कभी नहीं हासिल किया जा सकता। साम्यवादियों का विश्वास है कि जनतंत्र की असफलता का कारण स्वयं जनतंत्रवादी नहीं है, बल्कि उसका कारण है अ-जनतांत्रिक तरीकों से निहित स्वार्थों के द्वारा उसका विरोध। जर्मन सोशल-डेमोक्रेट्स अपनी अजहद कमजोरी की वजह से नष्ट हो गए। आज के यूरोप में सोशल-डेमोक्रेट्स के लिए कोई जगह नहीं है।

— जवाहरलाल नेहरू वाङ्मय (खंड-7), पृ. 215

* * *

समाजवाद और पूँजीवाद विरोधी प्रणालियाँ या सिद्धांत हैं, जिनका एक-दूसरे से संघर्ष है। समाजवाद विकास है, अगर इजाजत हो तो मैं कहूँ कि पूँजीवाद का अनिवार्य विकास है। यह सवाल संघर्ष का उतना नहीं है, बल्कि एक चरण से दूसरे में विकास का है। पूँजीवाद समाज में बड़ा जरूरी काम करता है। पिछली सदी से या इससे भी ज्यादा अरसे से उसने दुनिया की दौलत बढ़ाने में बड़ी मदद की है। इसने अपना पूरा काम कर लिया है, और अब अधिक विकास के लिए खतरा बन गया है। इसलिए अब दूसरा कदम बँटवारे का सवाल है, जिसे समाजवाद हल करना चाहता है।

— जवाहरलाल नेहरू वाङ्मय (खंड-7), पृ. 321

* * *

समाजवादी नजरिए का एक और नतीजा यह है कि हमें उन सारे रिवाजों को बदल देना चाहिए, जिनमें जन्म या जाति की बुनियाद पर अधिकार मिलते हैं। हमें सारे परोपजीवियों और आरामतलबों को निकाल फेंकना चाहिए, जिससे जिन लोगों को

जिंदगी की अच्छी चीजें नहीं मिलती हैं—वे उन्हें पा सकें। गरीबी और अभाव आर्थिक जरूरतें नहीं हैं। दुनिया और हमारा मुल्क, जनता को ऊँचा मानदंड प्राप्त करने करने के लिए काफी पैदा करता है (या काफी पैदा कर सकता है), लेकिन दुर्भाग्य से, अच्छी चीजें चंद लोग हड़प लेते हैं और करोड़ों लोग अभाव की जिंदगी जीते हैं। हिंदुस्तान में जहाँ आए दिन अकाल पड़ते रहते हैं, अकालों का कारण खाने की कमी नहीं है, बल्कि जनता में पैसे की तंगी है—जिससे खाना खरीद सकें।

—जवाहरलाल नेहरू वाङ्मय (खंड-7), पृ. 365

❊ ❊ ❊

सिर्फ कानून बनाने से समाजवाद नहीं आएगा। हमें समाज का निर्माण करना होगा। अगर हम समाजवाद चाहते हैं, तो हमें मनुष्यों का निर्माण करना होगा।

—जवाहरलाल नेहरू वाङ्मय (खंड-7), पृ. 513

❊ ❊ ❊

समाजवादी व्यवस्था

मैं भारत में समाजवादी समाज चाहता हूँ। मैं सबकुछ अपने लिए ही झपट लेने की इस समाज-व्यवस्था से बाहर निकलना चाहता हूँ। लेकिन सिर्फ प्रस्ताव पास कर देने या नारे लगा देने से यह मुझे मिलनेवाला नहीं है। मैं चाहता हूँ कि भारत इस दिशा में बढ़े, और असंख्य लोगों को अपने साथ लेकर चले।

—जवाहरलाल नेहरू के भाषण (खंड-1), पृ. 133

❊ ❊ ❊

व्यक्तिगत रूप से मैं सोचता हूँ कि समाज में संग्रह-प्रवृत्ति; जो कि पूँजीवाद की बुनियाद है, आधुनिक युग में उपयुक्त नहीं रही। हमें आधुनिक प्रवृत्तियों और परिस्थितियों के अनुसार कोई बेहतर समाज-व्यवस्था निकलनी चाहिए, जिसमें प्रतियोगिता की बजाय अधिकाधिक सहकार हो।

—जवाहरलाल नेहरू के भाषण (खंड-1), पृ. 53

❊ ❊ ❊

समाजवादी राज्य में, व्यवसाय राज्य का मामला हो जाता है—और राज्य को इस बात की फिक्र होती है कि खरीदकर जो चाहता है, उसे बिना मुनाफे के वह माल मुहैया किया जाए। समाजवादी राज्य खुद ही उत्पादन करता है और आत्मनिर्भर होता है, जिसके लिए उत्पादन का काम बाँटकर अलग-अलग मुनासिब इलाकों को दे दिया जाता है, फिर उपयोग के लिए उत्पादन सामग्री की अदला-बदली कर ली जाती है। लेकिन चूँकि वहाँ मुनाफे का कभी सवाल ही नहीं उठता, इसलिए वहाँ शोषण भी नहीं होता।

—जवाहरलाल नेहरू वाङ्मय (खंड-7), पृ. 260

❊ ❊ ❊

समान अवसर

आप सब आदमियों को बराबर नहीं कर सकते, लेकिन हम सबको कम-से-कम समान अवसर तो दे सकते हैं।

— जवाहरलाल नेहरू के भाषण (खंड-1), पृ. 103

❊ ❊ ❊

हमारे देश में थोड़े से आदमी बड़े शहरों में रहते हैं, उनमें से भी बहुत कम अंग्रेजी पढ़े हुए हैं। देश के बहुत ज्यादा लोग तो किसान हैं—जो गाँव में रहते हैं, या कारखानों में जाकर मजदूरी करते हैं। अगर थोड़े-से शहर में रहनेवाले आदमियों को स्वराज्य से फायदा हुआ और किसानों की हालत वही रही—तो वह देश का स्वराज तो नहीं हुआ। वह तो अमीरों का स्वराज हुआ। हम आज तक अपने देश में देखते हैं कि एक तरफ थोड़े से आदमी बहुत अमीर हैं—चाहे वह जमींदार हों या बड़े कारखानों के मालिक हों, या महाजन या वकील—और दूसरी तरफ बहुत सारे गरीब आदमी। एक तरफ कुछ लोग बड़े-बड़े महलों में रहते हैं, दूसरी तरफ लोगों के पास मिट्टी की झोंपड़ियाँ भी कभी-कभी नहीं होतीं, और खाने को मुश्किल से मिलता है। यह बात तो इनसाफ के खिलाफ मालूम होती है। जो लोग असल में मेहनत करते हैं, उनको उनका फल बहुत कम मिलता है। और थोड़े लोग, बगैर कोई मेहनत किए, सूद की आमदनी से या अपनी बाप-दादा की कमाई पर आराम-ऐश करते हैं। इनसाफ तो तब हो जब देश के रहनेवालों को बराबर का मौका-तरक्की करने का और कमाने का हो; जो जितनी मेहनत करे, उतना ही उसका फल पाए।

— जवाहरलाल नेहरू वाङ्मय (खंड-35), पृ. 367

❊ ❊ ❊

समानता

इस मुल्क में ऊँच-नीच और सामाजिक असमानता नहीं रह सकती। इनसे छुटकारा पाना ही होगा। हमें एक नई सामाजिक व्यवस्था बनानी होगी, जिसमें प्रत्येक व्यक्ति के लिए पूरे विकास की संभावना हो, शोषण न हो, और जिसमें न केवल राजनीतिक, बल्कि आर्थिक जनतंत्र भी हो—जिसका मतलब है आर्थिक समानता—जिसके बिना राजनीतिक जनतंत्र सिर्फ एक धोखा होगा। जब कोई भूखा हो और भूखों मर रहा हो—तो उसे वोट देने का अधिकार है या नही, इससे क्या फर्क पड़ता है?

— जवाहरलाल नेहरू वाङ्मय (खंड-7), पृ. 237-238

❊ ❊ ❊

लोगों के अलग-अलग गुट बनाने का विचार न तो मेरी समझ में आता है, न उसे मैं अच्छा ही समझता हूँ। हमें इन सारे अवरोधों को हटा देना चाहिए, जिससे हिंदुस्तान में गुट न रहे, जो अपने काम, आर्थिक परिस्थिति या नाम से किसी हीन गुट का समझा जाए। इसलिए हमारे सामने जो समस्या है, वह उस आदमी या उस आदमी को ऊँचा

उठाने की सीमित समस्या नहीं है, बल्कि हिंदुस्तान में समता स्थापित करने की है, जिससे हिंदुस्तान के हर एक आदमी को—वह चाहे मर्द हो या औरत—उन्नति का पूरा अवसर मिले।

—जवाहरलाल नेहरू वाङ्मय (खंड-7), पृ. 459

* * *

सहयोग

यदि हम अपने देश और अपनी जनता के साथ विश्वासघात नहीं करना चाहते, तो आज हमें एक-दूसरे से सहयोग करना चाहिए और मिल-जुलकर काम करना चाहिए, और यथार्थ सद्भावना से काम करना चाहिए।

—जवाहरलाल नेहरू के भाषण (खंड-1), पृ. 6

* * *

सहिष्णुता

रूढ़ियों या रूढ़िवादी दिमाग का गुलाम बना हुआ कोई भी मुल्क तरक्की नहीं कर सकता, और दुःख की बात यह है कि हमारा मुल्क और हमारे देशवासी गैरमामूली तौर से रूढ़िवादी और तंगदिल बन गए हैं। दिल का खुलापन तो अच्छी बात है, लेकिन जरूरत उदारता के भावुकता से भरे इजहार की नहीं, बल्कि तर्कसंगत सहिष्णुता की है। मजहब पर जिस रूप में हिंदुस्तान में अमल किया जाता है, उससे हमारे लिए वह अजनबी सा हो गया है, और उसने न सिर्फ हमारी कमर ही तोड़ दी है, बल्कि हमारा दम घोंटकर हमारे मन और विचारों की सारी मौलिकता खत्म कर दी है।

—जवाहरलाल नेहरू वाङ्मय (खंड-2), पृ. 227

* * *

सांप्रदायिकता

अतीत में, दुर्भाग्यवश—हमारे यहाँ बड़े पैमाने पर सांप्रदायिक झगड़े हुए हैं। भविष्य में उन्हें बरदाश्त न किया जाएगा। जहाँ तक भारत सरकार का संबंध है, वह प्रत्येक सांप्रदायिक उत्पादन का दृढ़ता से दमन करेगी। वह प्रत्येक भारतीय को बराबरी के दरजे का समझेगी, और उसे उन सभी अधिकारों को दिलाने का उद्योग करेगी, जो किसी दूसरे को प्राप्त हैं।

—जवाहरलाल नेहरू के भाषण (खंड-1), पृ. 10

* * *

इस देश में जो चीज एक को दूसरे से अलग करे, वह एक दीवार है। हमें उसको हटाना है। हमें जो यहाँ सांप्रदायिकता यानी फिरकापरस्ती है, उसको हटाना है, क्योंकि देश को वह दुर्बल करती है, देश के महान् परिवार को तोड़ती है, एक-दूसरे को दुश्मन बनाती है और हमें नीचा करती है।

—लालकिले के प्राचीर से (भाग-1), पृ. 53

* * *

जिस जहर ने हिंदुस्तान को इतना कमजोर किया, उसको अपने पास न आने दें। इस जहर ने एक तरफ तो बढ़कर हिंदुस्तान के टुकड़े किए, उस जहर ने फिर इस हिंदुस्तान में फैलकर हमें कमजोर किया, और एक ऐसा धक्का लगाया और इतना जलील किया कि दुनिया के सामने हमें सिर झुकाना पड़ा।

—लालकिले के प्राचीर से (भाग-1), पृ. 10-11

❊ ❊ ❊

न तो मैं मंदिरों के पक्ष में हूँ, न मसजिदों के। मैं उन्हें भी पसंद नहीं करता, जो उन्हें गिराना चाहते हैं। मैं अपने मुल्क के लिए आजादी चाहता हूँ, और मैं चाहता हूँ कि लोग जाति, धर्म और संप्रदाय को भूलकर अपनी आजादी की लड़ाई लड़ें। मुल्क के सामने जो सामान्य समस्या है, वह सांप्रदायिक नहीं है। आजादी के बहुत बड़े मसले के मुकाबले, सांप्रदायिक समस्या बहुत छोटी चीज है। आजादी का मसला सभी संप्रदायों का मसला है। सांप्रदायिक नेताओं से जब यह पूछा गया कि विधान-सभाओं में कुछ ज्यादा सीटें मिल जाने से अवाम के मसले, बेरोजगारी के मसले, गरीबी के मसले कैसे हल हो जाएँगे, तो वे मुझे कोई जवाब नहीं दे सके।

—जवाहरलाल नेहरू वाङ्मय (खंड-7), पृ. 327

❊ ❊ ❊

भाषा और सांप्रदायिक समस्याओं के बारे में आप बहुत सुनते हैं, लेकिन मुख्य समस्याएँ आर्थिक हैं।

सांप्रदायिक समस्याओं से निबटने का साफ रास्ता यह है कि आर्थिक मुद्दों को सामने आने दिया जाए, ताकि सांप्रदायिक मसलों की ओर से ध्यान हट जाए। जब आर्थिक मुद्दों को सामने आने दिया जाएगा, तो सांप्रदायिक मसलों का मुकाबला करना और उन्हें हल करना जरूरी हो जाएगा।

—जवाहरलाल नेहरू वाङ्मय (खंड-7), पृ. 107

❊ ❊ ❊

मजहबी झगड़े मजहबी तो होते नहीं, धार्मिक तो होते नहीं—वे तो धर्म का नाम लेकर सियासी होते हैं, राजनीतिक होते हैं।

—लालकिले के प्राचीर से (भाग-1), पृ. 25

❊ ❊ ❊

मुझे यह देखकर हैरत होती है कि सांप्रदायिक पागलपन से लोग इतने अंधे हो जाते हैं कि अपने हितों का भी खयाल नहीं रख सकते।

—जवाहरलाल नेहरू के भाषण (भाग-1), पृ. 215

❊ ❊ ❊

मैं मुसलमानों के साथ गैर-मुसलमानों-जैसा सलूक करके यानी आर्थिक मुद्दों पर उनसे बातें करके उन्हें अपनाना चाहता हूँ। ईमानदारी से मेरा खयाल यह है कि मुसलमान कट्टर है, और पुरानी रुकावटों को तोड़कर बाहर निकलने में कठिनाई महसूस करता है; और हिंदू स्वभाव से लचीला है। मुसलमान को जब नए विचार पर विश्वास हो जाएगा, तो वह उसे मंजूर कर लेगा। मैं बड़े-बड़े लीडरों से नहीं, आम आदमी से अपील करूँगा, जिनके बीच माली असलियत फैलकर रहेगी।

हिंदुस्तान के लोगों के बारे में मैं हिंदू, मुसलमान और सिख होने के नाते नहीं सोचता; सोच भी नहीं सकता। मैं किसी समुदाय को, उसका समर्थन पाने के लिए रिश्वत नहीं देना चाहता—कभी दूँगा भी नहीं।

—जवाहरलाल नेहरू वाङ्मय (खंड-7), पृ. 263

❋ ❋ ❋

यह भी महत्त्वपूर्ण है कि सभी प्रधान सांप्रदायिक नेता—वे चाहे हिंदू हों, या मुसलमान हों या और कोई हों—सांप्रदायिक सवाल से बिलकुल अलग, राजनैतिक प्रतिक्रियावादी हैं। यह सोचकर बड़ा अफसोस होता है कि किस तरह उन लोगों ने महत्त्वपूर्ण विषयों में बरतानवी सरकार का साथ दिया है, किस तरह उन लोगों ने नागरिक अधिकार छीनने का समर्थन किया है। यातनाओं से भरे इन बरसों में किस तरह उन लोगों ने आजादी के बड़े उद्देश्य को भुलाकर अपने गुट के लिए छोटे-मोटे फायदे चाहे हैं। उन लोगों के साथ किसी तरह का सहयोग नहीं हो सकता, क्योंकि उसका मतलब होगा—प्रतिक्रिया के साथ सहयोग करना।

—जवाहरलाल नेहरू वाङ्मय (खंड-7), पृ. 185

❋ ❋ ❋

वह बड़ा जहर—जिसने आकर हिंदुस्तान को तबाह किया—हिंदुस्तान के टुकड़े किए, और हिंदुस्तान में फैला सांप्रदायिकता का जहर—फिरकेवाराना जहर, कम्युनलिज्म का जहर—इस मुल्क में न बढ़ने दें। मैं देखता हूँ, फिर से कुछ गलत लोग सिर उठा रहे हैं। मैं देख रहा हूँ, फिर से उनकी आवाजें उठ रही हैं, जो कि जनता को धोखा दे सकती हैं। तो मैं चाहता हूँ, आप इस पर सोचें और समझें; क्योंकि यह खतरनाक बात है। लेकिन जब मैं देखता हूँ, इस तरह के गलत रास्ते दिखाते लोगों को, गलत खयाल पैदा करते, तंगखयाली पैदा करते और इस तरह की सांप्रदायिकता को फैलाते तब मुझे दुःख होता है, रंज होता है और शक होता है—कि हमारे बाज भाई और बहन कहाँ भूले-भटके फिरते हैं। वे कहते हैं कि भारत को आगे बढ़ाएँगे, लेकिन वे भारत की जड़ खोदते हैं और भारत की शान पर धब्बा डालते हैं।

—लालकिले के प्राचीर से (भाग-1), पृ. 10

❋ ❋ ❋

सांप्रदायिकता एक पिछड़े राष्ट्र का चिह्न या निशानी है, आधुनिक युग का नहीं। लोग अपना धर्म या मजहब रखते हैं, और उस पर मजबूती से डटे रहने का उन्हें अधिकार है; लेकिन राजनीति में धर्म या मजहब को लाना और देश को तोड़ना वैसा ही है, जैसा कि तीन सौ या चार सौ वर्ष पहले यूरोप में हुआ था। भारत में हमें इस चीज से अपने आपको दूर रखना होगा।

— जवाहरलाल नेहरू के भाषण (खंड-1), पृ. 56

❋ ❋ ❋

सांप्रदायिक निर्णय और जनतंत्र साथ-साथ नहीं चल सकते। इसकी बुनियाद ही जनतंत्र का नकार है, और इसे लाजिमी तौर पर आजादी की राह का—और सामाजिक और आर्थिक मसलों पर गौर करने के सामने बहुत रुकावट होना चाहिए; जबकि हिंदुस्तान में हमारे सामने सामाजिक और आर्थिक मसले ही असली मसले हैं, जो हमारे मुकाबले में खड़े हैं। मैं साफ तौर से, आजादी और सामाजिक परिवर्तनों की बात पर विचार करने वाले एक भी ऐसे आदमी की कल्पना नहीं कर सकता, जो सांप्रदायिक निर्णय को स्वीकार करे या उसका समर्थन करे। यह मेरे लिए बड़े अचरज और अफसोस की बात रही है, कि हमारे कितने ही मुसलमान दोस्त और साथी, जो हिंदुस्तान की आजादी के हामी रहे हैं, इस तरह इस तबाही लानेवाले निर्णय का समर्थन कर रहे हैं।

— जवाहरलाल नेहरू वाङ्मय (खंड-7), पृ. 344

❋ ❋ ❋

सांप्रदायिक मसला मजहबी मसला नहीं है। मजहब से उसका लगभग कोई सरोकार नहीं है। कुछ हद तक तो यह माली मसला है, और कुछ हद तक—सियासी मायने में मध्यमवर्ग का मसला है।

— जवाहरलाल नेहरू वाङ्मय (खंड-7), पृ. 81

❋ ❋ ❋

सांप्रदायिक समस्या बुनियादी तौर पर आर्थिक कारणों से नहीं पैदा हुई है। उसके पीछे आर्थिक कारण तो हैं, जो अकसर इस पर असर भी डालते हैं, लेकिन इसकी बहुत ज्यादा वजह राजनीतिक है। मैं आपको यह भी याद दिलाना चाहता हूँ—कि इसकी वजह मजहबी भी नहीं है। मजहबी दुश्मनी और मुखालिफत का सांप्रदायिक सवाल से बहुत कम ताल्लुक है। इस मायने में इसका कुछ ताल्लुक सांप्रदायिक सवाल से है कि इसमें मजहबी मुखालिफत की थोड़ी पृष्ठभूमि है, जिसके चलते गुजरे वक्त में कभी जुलूसों वगैरह को लेकर झगड़ों को बढ़ावा दिया है, और कभी सिर तुड़वाए हैं। लेकिन मौजूदा सांप्रदायिक सवाल मजहबी नहीं है, जो कि कभी-कभी यह मजहबी जज्बात को बढ़ावा देते हैं…जिससे फसाद उठ खड़े होते हैं।

— जवाहरलाल नेहरू वाङ्मय (खंड-7), पृ. 94

❋ ❋ ❋

सारा इतिहास मजहबी अत्याचारों और मजहबी युद्धों से भरा पड़ा है; और मजहब व ईश्वर के नाम पर जितना खून बहा है, उतना शायद ही किसी दूसरे नाम पर बहा होगा।

—भारतीय इतिहास की झलक (भाग-1), पृ. 98

❋ ❋ ❋

हम भारत में सब प्रकार के सांप्रदायिक झगड़ों को समाप्त कर दें, और एक संगठित राष्ट्र की भाँति अपनी स्वतंत्रता के प्रति हर एक खतरे का सामना करने के लिए तत्पर हो जाएँ। बाहरी खतरे का अच्छी तरह सामना हम तभी कर सकते हैं, जबकि हमारे यहाँ भीतरी शांति और व्यवस्था हो, और राष्ट्र संगठित हो।

—जवाहरलाल नेहरू के भाषण (खंड-1), पृ. 15

❋ ❋ ❋

हमें अपने दिमाग में और मुल्क के दिमाग में इस बात को बहुत साफ तरीके से रखना चाहिए कि सांप्रदायिकता के सवाल में मजहब और राजनीति को जगह देना बेहद खतरनाक गठजोड़ है, और इससे और दोनों के मेल से बहुत ही भयानक और नाजायज किस्म की चीज पैदा होती है।

—जवाहरलाल नेहरू के भाषण (खंड-1), पृ. 25

❋ ❋ ❋

हिंदुस्तान के लोगों को मंदिरों और मसजिदों के बारे में सिखलाना छोड़कर उन्हें रोटी और मक्खन की सीख दीजिए, और फिर देखिए कि सांप्रदायिक सवाल पीछे खिसक गया है। *—जवाहरलाल नेहरू वाङ्मय (खंड-7), पृ. 108*

❋ ❋ ❋

साधन

राजनीतिक क्षेत्र में कोई भी कार्य व्यक्तिगत नहीं होते, बल्कि वहाँ पर गुटों और समूहों के द्वारा होते हैं। फिर भी मैं इस बात से आश्वस्त हूँ कि कोई भी नीति, कोई भी विचारधारा—जो मानव-व्यवहार में सत्य और चरित्र की उपेक्षा करती है, और जो घृणा तथा हिंसा का उपदेश करती है—हमें केवल गलत परिणामों की ओर ले जाती है। हमारे मंतव्य, मुद्दे कितने भी क्यों न अच्छे हों, और हमारे लक्ष्य कितने भी ऊँचे क्यों न हों—यदि हमारे मार्ग और साधन बुरे और गंदे हैं, तो हम कभी भी अपने उद्देश्य की पूर्ति नहीं कर सकते।

—नेहरू और नई पीढ़ी : हरिदत्त शर्मा, पृ. 126-127

❋ ❋ ❋

सामाजिक समस्याएँ

भारत का भविष्य गुड़ियों और खिलौने से नहीं बन सकता, और अगर आप देश की आधी आबादी को—बाकी की आधी आबादी के हाथ का महज खिलौना और दूसरों

के ऊपर बोझ बना देंगे, तो आप किस तरह प्रगति कर सकेंगे? इसलिए मैं कहता हूँ कि आप इस समस्या का बहादुरी से मुकाबला कीजिए, और बुराई की जड़ पर चोट कीजिए। हमारे सामने परदा, बाल-विवाह, और बहुत-से क्षेत्रों में महिलाओं को अधिकारों से वंचित कर देना है। आप किसी भी देश में जाइए, आपको चमकते चेहरों वाले लड़के और लड़कियाँ खेलते, और दिमाग और शरीर से मजबूत बनते हुए दिखाई देंगे। यहाँ उसी उम्र के बच्चों को परदे में, और करीब-करीब पिंजरों में कैद रखा जाता है, और बहुत हद तक उनकी आजादी छीन ली जाती है। जिस समय उनके शरीर और बुद्धि का विकास होना चाहिए, उनका विवाह कर दिया जाता है—और इस तरह उन्हें कुंठित और जीवन-भर के लिए दुःखी बना दिया जाता है।

—जवाहरलाल नेहरू वाङ्मय (खंड-3), पृ. 356

❊ ❊ ❊

सामुदायिक योजनाएँ

मेरे लिए ये सामुदायिक योजनाएँ बहुत अहमियत रखती हैं। सिर्फ इनसे होनेवाले या भौतिक फायदों की वजह से नहीं, बल्कि बहुत कुछ इस वजह से कि इनका उद्देश्य इनसान और समुदाय का निर्माण करना है—और इनसान को इस लायक बनाना है कि वह अपने गाँव, और व्यापक अर्थ में समूचे भारत का निर्माण कर सके।

—जवाहरलाल नेहरू के भाषण (खंड-1), पृ. 100

❊ ❊ ❊

सम्यवाद और फासीवाद

फासीवाद कट्टर राष्ट्रवादी है। साम्यवाद अंतरराष्ट्रीय है। फासीवाद तो सचमुच्र अंतरराष्ट्रीयता का विरोध करता है। वह तो राज्य को देवता बना देता है, जिसकी वेदी पर व्यक्ति की स्वतंत्रता और हकों की कुरबानी जरूरी है। दूसरे सारे गैर हैं, और दुश्मन के बराबर हैं।

—भारतीय इतिहास की झलक (भाग-2) पृ. 149

❊ ❊ ❊

साम्यवाद और फासीवाद—दोनों ही लोकतंत्र के विरोधी हैं और उसकी बुराई करते हैं, हालाँकि हरेक इसके लिए बिलकुल अलग-अलग दलीलें देता है।

—भारतीय इतिहास की झलक (भाग-2), पृ. 1146

❊ ❊ ❊

साम्यवादी

साम्यवादी अगर कोई ऐसा काम करते हैं, जिससे हमें मदद मिल जाए, तो हम भी उनके साथ सहयोग करने को तैयार हैं। अगर नहीं तो हमारा रास्ता अलग है। इसका तो सवाल ही नहीं उठता कि यहाँ या और कहीं—हमारी नीति साम्यवादियों के हुक्म से निर्धारित हो। लेकिन साथ-ही-साथ मैं यह भी नहीं समझ पाता कि साम्यवादियों को

हम अछूतों की तरह क्यों मानें, और इसलिए उनसे दूर-दूर रहें कि कहीं ज्यादा इज्जतदार लोग नाराज न हो जाएँ।

—जवाहरलाल नेहरू वाङ्मय (खंड-4), पृ. 107

❋ ❋ ❋

साम्यवादी दल

मैं यह कल्पना नहीं कर सकता कि कोई भी साम्यवादी—अगर वह ईमानदार है और अगर वह भारत के हित में सोचता है—कैसे इस प्रकार के कामों में लग सकता है, जिनमें कि आज भारतीय साम्यवादी-दल लगा हुआ है। मैं साम्यवाद से सहमत हूँ या असहमत, इससे स्थिति में कोई अंतर नहीं आता। लेकिन मैं कहता हूँ कि भारत के कुछ वर्गों के कार्य—उनके समाजवादी सिद्धांत जैसे भी हों—ऐसे हैं, जिनका भारत की भावी भलाई से कुछ भी वास्ता नहीं। ये कुछ दूसरे विचारों पर आधारित हैं। मेरा विश्वास है कि वे भारत में व्यवस्था उत्पन्न करने के निश्चित उद्देश्य पर आधारित हैं, जिससे कि शायद यह आशा की जाती है कि अंत में कुछ नई चीज निकल आए। यह एक अजीब दृष्टिकोण है, यानी भारत की चलती गाड़ी को रोकना और शायद एक या दो पीढ़ियों तक इस बात की प्रतीक्षा करना कि कुछ नतीजा निकल आए। मेरा विश्वास है कि यह एक ऐसी चीज है, जिसे कि भारत के लोग कभी बरदाश्त न करेंगे।

—जवाहरलाल नेहरू के भाषण (खंड-1), पृ. 92-93

❋ ❋ ❋

साम्राज्यवाद

जब तक साम्राज्यवाद बना रहेगा—बहुत बड़ी तादाद के लोगों को न तो शांति मिल सकेगी, न आजादी। जब साम्राज्यवाद और नए जमाने की उसकी नुमाइंदगी और हिमायत करनेवाली सामाजिक प्रणाली को हटा दिया जाएगा, तभी एक नई व्यवस्था कायम की जा सकेगी। *—जवाहरलाल नेहरू वाङ्मय (खंड-7), पृ. 125*

❋ ❋ ❋

साहस

देश कायदे और कानूनों से, और जो कागज पर लिखा जाए—उससे नहीं बनता। देश बनता है, देश की जनता की दिलेरी और हिम्मत से और काम करने की शक्ति से। कानूनदाँ लोग कानून लिख जाते हैं, और विधान बनानेवाले विधान बनाते हैं। लेकिन असल में इतिहास लिखा जाता है बहादुर आदमियों के हाथों से, दिलों से और दिमाग से। सवाल यह है कि आपमें और हममें कितनी हिम्मत है—इस भारत के इतिहास को अपने खून से, अपने आँसुओं से, अपनी मेहनत से और अपने दिमागों से लिखने की? अगर हममें वह है, तो विधान भी ठीक होंगे और सब ठीक होगा। अगर हममें वह ताकत और शक्ति नहीं है; हम कमजोर हैं, छोटी-छोटी बातों में पड़ते हैं और आपस में सहयोग नहीं कर सकते, तो हम

निकम्मे लोग हैं। तब फिर क्या विधान हमको बचाएगा, या कागज पर लिखा और कोई कानून?

—लालकिले के प्राचीर से (भाग-1), पृ. 19-20

* * *

पहली बात तो यह है कि असल में, लड़ने में मुझे मजा नहीं आता। लेकिन हिम्मत-भरे काम करने और जोखिम उठाने में, और खतरों का मुकाबला करने में मुझे जरूर मजा आता है; और चूँकि लड़ने में मुझे इस हिम्मत का स्वाद मिलता है, खतरे का मुकाबला करने का अनुभव होता है, इसीलिए मुझे लड़ना अच्छा लगता है। क्योंकि शांति जब बड़ी मेहनत के बाद आती है, तो वह इस्तकबाल के लायक खुश और गवार होती है। लेकिन मैं अमन-पसंद आदमी हूँ, बशर्ते कि अमन का मतलब गतिहीनता और डर, और कुछ न करने की जबरदस्त ख्वाहिश, और किसी बड़े आदर्श के लिए भी किसी तरह जोखिम उठाने की अनिच्छा न हो।

—जवाहरलाल नेहरू वाङ्मय (खंड-5), पृ. 308

* * *

साहित्य

प्राचीन हिंदी-साहित्य, दरबारी साहित्य कहा जा सकता है। उस समय के अधिकतर कवि और लेखक उन दरबारों को खुश करने के लिए ग्रंथ रचा करते थे, जिनके आश्रय में वे रहते थे। अब जमाना बदल गया है। लोगों में जागृति उत्पन्न हुई है। अब साहित्य तभी प्रभावकर होगा, जब उसमें शक्ति का संचार किया जाएगा, नए-नए और समयाकूल भाव भरे जाएँगे, और नई जान डाली जाएगी।

—जवाहरलाल नेहरू वाङ्मय (खंड-6), पृ. 200

* * *

सिंधु घाटी की सभ्यता

सिंधु घाटी की सभ्यता, जैसा भी हम उसे जान सके हैं, एक बड़ी तरक्कीयाफ्ता सभ्यता थी, और उसे इस दरजे तक पहुँचने में हजारों साल लगे होंगे। यह काफी अचरज की बात है कि यह सभ्यता लौकिक और दुनियावी सभ्यता है, और अगरचे इसमें मजहबी अंश भी मौजूद थे—वे इस पर हावी न थे। यह भी जाहिर है कि सभ्यता हिंदुस्तान के तहजीबी जमानों का पूर्व-सूचक थी।

—हिंदुस्तान की कहानी, पृ. 91

* * *

सिंधु घाटी की सभ्यतावाले ये लोग कौन थे और कहाँ से आए थे—इसका हमें अब तक पता नहीं है। यह बहुत मुमकिन, बल्कि संभावित है कि इसकी संस्कृति इसी देश की संस्कृति थी, और उसकी जड़ें और शाखाएँ दक्खिन हिंदुस्तान तक में मिलती हैं। कुछ विद्वान इन लोगों में और दक्खिन हिंदुस्तान के द्रविड़ों में, कौम और संस्कृति की

खास तौर पर समानता पाते हैं। और अगर बहुत कदीम वक्त में हिंदुस्तान में बाहरी लोग आए थे, तो इसकी तारीख मोहनजोदड़ो से हजारों बरस पुरानी है। व्यवहार के विचार से, हम उन्हें हिंदुस्तान के ही निवासी मान सकते हैं।

—हिंदुस्तान की कहानी, पृ. 94

❊ ❊ ❊

सिद्धांत

हमारे कुछ उसूल हैं, कुछ सिद्धांत हैं—उन पर जमे रहकर हम जल्दी से आजाद हुए। और आपको ध्यान में रखना है कि हमने अपनी आजादी को कायम रखा है। आप जानते हैं कि आपस में मिलकर, अहिंसा से, शांतिमय तरीकों से काम करना है। मैं नहीं कहता कि मैं पूरे तौर पर अहिंसा पर चलनेवाला आदमी हूँ, या आप हैं। हम सब कमजोर हैं, फिसल जाते हैं, गिरते हैं। पूरे तौर से इन रास्तों पर नहीं चल सकते। लेकिन यह हमें याद रखना है—कमजोर हैं, पर वे सिद्धांत जबरदस्त हैं।

—लालकिले के प्राचीर से (भाग-1), पृ. 63

❊ ❊ ❊

सुलह

मुझे अफसोस है कि अब तक बाज लोग धमकी की आवाज से बोलते हैं, डर की आवाज से बोलते हैं। अगर हमें दुनिया में सुलह चाहिए-मेल चाहिए, तो एक-दूसरे को धमकी देकर—एक-दूसरे को डराकर नहीं। लेकिन जरा दिल मजबूत करके, हाथ बढ़ा के दोस्ती करनी होती है, न कि धमकी देकर। *—लालकिले के प्राचीर से (भाग-1), पृ. 54*

❊ ❊ ❊

सुसंस्कृत मन

सुसंस्कृत मन की जड़ भले ही अपने अंदर ही हो, लेकिन उसे अपने दरवाजे और खिड़की खुली रखनी चाहिए। उसमें दूसरे की दृष्टि को पूरी तरह समझने की क्षमता अवश्य होनी चाहिए, भले ही वह उससे सहमत न हो। सहमति और असहमति का सवाल तभी उठता है, जब आप किसी भी चीज को समझते हैं, वरना यह आँख बंद करके स्वीकार करना है—जिसे किसी भी चीज के बारे में सुसंस्कृत दृष्टि नहीं कहा जा सकता।

— जवाहरलाल नेहरू के भाषण (खंड-1), पृ. 33

❊ ❊ ❊

सेंसर

हिंदुस्तान में खबर किस तरह दबाई जाती है—इसे अखबारनवीस मुझसे ज्यादा जानते हैं। खबरों पर जब सीधी रोक नहीं होती, तब भी अप्रत्यक्ष रुकावट होती है। यह एक खतरनाक बात है, खबरों की तोड़-मरोड़ से भी ज्यादा। अखबारनवीसों को इसका मुकाबला करना पड़ेगा। *— जवाहरलाल नेहरू वाङ्मय (खंड-7), पृ. 417*

❊ ❊ ❊

स्वभाव

हिंदुस्तान का इनसानी तबका कितना बंजर है, जिसमें अक्ल और चरित्रवाले लोग थोड़े-बहुत थोड़े ही मिलते हैं। हर रोज जब मैं अखबार पढ़ता हूँ तो मायूस हो जाता हूँ, और देखता हूँ कि चारों तरफ कैसा ओछापन है। मैं एक उम्मीद लगाए बैठा हूँ, जिसकी कोई माकूल वजह नहीं दीखती—कि हिंदुस्तान में बड़े-बड़े काम अंजाम दिए जा सकते हैं। लेकिन शक पैदा होने लगता है—यहाँ के लोगों को देखकर। *—जवाहरलाल नेहरू वाङ्मय (खंड-6), पृ. 367*

❊ ❊ ❊

स्वयंसेवक

स्वयंसेवक या स्वयंसेविका का काम नारे बुलंद करना या अपने अस्तित्व का प्रचार करना नहीं है, और न दल का ही काम अपना प्रचार करना है।

—जवाहरलाल नेहरू वाङ्मय (खंड-4), पृ. 131

❊ ❊ ❊

स्वराज्य

एक बार फिर मैं आपसे कहना चाहूँगा कि स्वराज्य से राजा-महाराजाओं को कुछ नहीं मिलेगा। अपने निरंकुश पैतृक अधिकारों को तब वह फिर नहीं भोग पाएँगे। मैं एक बार फिर यह भी कह देना चाहता हूँ कि आनेवाले जमाने में राजे-महाराजे रहेंगे ही नहीं। राजा-महाराजाओं का जमात इतिहास के सबक के खिलाफ है। हिंदुस्तानी रियासतों का जनता यह फैसला कर सकती है—कि राजा-महाराजाओं को चाहती है या नहीं। मैं यही मानता हूँ कि हर स्त्री और पुरुष के हक बराबर हैं। पैदाइश या विरासत की वजह से किसी का भी हक ज्यादा या कम नहीं हो जाता। इस जमाने में यह कहना या मानना महज बेवकूफी है कि किसी खास तबके या शख्स के कुछ खास हक हैं, या होने चाहिए।

—जवाहरलाल नेहरू वाङ्मय (खंड-4), पृ. 18-19

❊ ❊ ❊

मैं मानता हूँ कि जब तक मुल्क की हुकूमत में किसानों की , जो हिंदुस्तान की आबादी का बहुत बड़ा हिस्सा हैं—कारगर आवाज नहीं होती, तब तक सच्चा स्वराज्य नहीं होगा; और इसी से मैं उस मकसद को पाने के लिए काम कर रहा हूँ।

स्वराज्य का हर शख्स के लिए अलग मतलब है। अगर आप कोई दुकानदार हैं, तो इसका मतलब यह है कि आप अच्छी तरह तिजारत कर सकें। जो सिलसिला आज चल रहा है, वह नहीं चलना चाहिए। अगर आप किसान हैं और जमीन जोतते हैं, तो आप चाहते हैं कि खेत आपका और आपकी अपनी ही जायदाद हो, और यह कि आपके बेदखल किए जाने की कोई नौबत आ ही न सके, और यह कि करों का और मालगुजारी के इजाफे का मसला हर रोज आपके सामने न आता रहे। तो आप लोगों में से हर एक के

लिए स्वराज्य का यह मतलब होना चाहिए तो अगर हिंदुस्तान में कोई किसानों के लिए स्वराज्य का मतलब पूछता है, तो उसे बताया जाना चाहिए कि इसका मतलब यह है, कि खेत की जमीन किसान की होनी चाहिए, और यह कि अगर अपनी ताकत को काम में लाकर किसान अपनी पंचायतें बनाते हैं, और इस तरह अपनी शक्ति बढ़ाते हैं, तो उनकी पंचायतों को मुल्क पर हुकूमत करना चाहिए।

स्वराज्य की यात्रा, सफर की आखिरी मंजिल नहीं है। स्वराज्य के आने पर हमें खामोश नहीं बैठना चाहिए। स्वराज्य आने से, मुल्क आजाद होने से, कोई जिम्मेदारी खत्म नहीं होती। वह तो एक मुल्क की तरक्की का पहला कदम होता है। एक नई यात्रा का कदम होता है। किसी मुल्क की आजादी स्वराज्य से कभी पूरी नहीं होती। और जो एक जिंदादिल कौम होती है, वह रुकती नहीं है—वह आगे बढ़ती जाती है।

—लालकिले के प्राचीर से (खंड-1), पृ. 60

✻ ✻ ✻

स्वराज्य तब पूरा होगा, जब उसकी पहुँच एक-एक के पास हो जाए, और एक-एक की आर्थिक हालत अच्छी हो जाए। तो यह सबसे बड़ा काम है—जिसमें हम लोग लगे हैं, कि हिंदुस्तान की गरीबी को दूर करना है और बेरोजगारी को खत्म करना है। हरएक के पास काम हो, हरएक पुरुष और स्त्री अपने काम से देश के लिए और अपने लिए धन पैदा करे, और इससे हमारी शक्ति बढ़े।

—लालकिले के प्राचीर से (भाग-1), पृ. 14

✻ ✻ ✻

हमें अपने देश में स्वराज्य लाने की भी कोशिश करनी चाहिए—पूँजीपतियों का नहीं, बल्कि गरीबों और किसानों का स्वराज्य। अगर स्वराज का यह मतलब हो कि अंग्रेज हिंदुस्तान छोड़कर चले जाएँ, और उनकी जगह पूँजीपति, राजे और महाराजे आ जाएँ—तो किसानों की हालत कभी नहीं सुधारी जा सकती। इसलिए आपको स्वराज का आंदोलन अपने हाथ में लेना चाहिए। आजकल के जमींदार और ताल्लुकेदार, हकीकतन मुल्क पर बोझ हैं। वे कुछ भी नहीं करते, कोई पैदावार भी नहीं करते, लेकिन वे अपने पेट खूब भरते हैं। ताल्लुकेदार और जमींदार जोंकों की तरह हैं, जो भारतीय किसानों के बदन पर हमला करते हैं।

—जवाहरलाल नेहरू वाङ्मय (खंड-5), पृ. 173

✻ ✻ ✻

स्वार्थपरता

अगर हम खुदगर्जी में और नफरत में, और लड़ाई-झगड़े में पड़े-तो मुल्क गिरता है।

—लालकिले के प्राचीर से (भाग-1), पृ. 5

✻ ✻ ✻

हमारा राज्य

हमारा राज्य सांप्रदायिक राज्य नहीं है, वह एक लोकतंत्रात्मक राज्य है, जिसमें प्रत्येक नागरिक के समान अधिकार हैं, सरकार इन अधिकारों की रक्षा के लिए कटिबद्ध है।

—जवाहरलाल नेहरू के भाषण (खंड-1), पृ. 10

❋ ❋ ❋

हस्तक्षेप

मैं अधिकाधिक इस नतीजे पर पहुँचा हूँ, कि जब तक हमारे अपने हितों का उनसे उलझाव न हो, अंतरराष्ट्रीय संघर्ष में जितना कम पड़ें, उतना ही अच्छा है; और इसका सीधा कारण यह है—कि यह हमारी प्रतिष्ठा के अनुकूल न होगा कि हम हस्तक्षेप तो करें, लेकिन कोई प्रभाव न डाल सकें। या तो हम इतने शक्तिशाली हों कि हम प्रभाव डाल सकें, या हस्तक्षेप ही न करें। हर एक अंतरराष्ट्रीय मामले में टाँग फँसाने के लिए हम उत्सुक नहीं।

—जवाहरलाल नेहरू के भाषण (खंड-1), पृ. 162

❋ ❋ ❋

हम किसी देश की जिंदगी में, उसके कारबार में कोई दखल देना नहीं चाहते। हरएक देश को अधिकार है कि जिस रास्ते पर वह चलना चाहे—जो भी उसकी आर्थिक या कोई और व्यवस्था हो, जिसे वह पसंद करे—उस रास्ते पर चले—जैसे हम इस बात को चाहते हैं कि और देशों को पूरी स्वतंत्रता हो, और आजादी हो कि वे अपने-अपने रास्ते पर चलें, वैसे ही हम अपने देश के बारे में चाहते हैं। अगर हम दूसरों के कामों में दखल देना नहीं चाहते, तो हमें यह भी बरदाश्त नहीं है कि कोई हमारे काम में दखल दे और हमारी आजादी में खलल डाले।

—लालकिले के प्राचीर से (भाग-1), पृ. 18

❋ ❋ ❋

हिंदी

'हिंदी' का मजहब से कोई संबंध नहीं, और हिंदुस्तानी मुसलमान और ईसाई उसी तरह से हिंदी हैं—जिस तरह कि एक हिंदू मत का माननेवाला। अमरीका के लोग, जो सभी हिंदुस्तानियों को 'हिंदू' कहते हैं, बहुत गलती नहीं करते। अगर वे 'हिंदी' शब्द का प्रयोग करें, तो उनका प्रयोग बिल्कुल ठीक होगा।

—हिंदुस्तान की कहानी, पृ. 99

❋ ❋ ❋

हिंदुस्तानी के लिए ठीक शब्द 'हिंदी' होगा—चाहे हम उसे मुल्क के लिए, चाहे संस्कृति के लिए और चाहे अपनी भिन्न परंपराओं के तारीखी सिलसिले के लिए इस्तेमाल करें। यह लफ्ज 'हिंदी' से बना है, जो हिंदुस्तान का छोटा रूप है। अब भी

हिंदुस्तान के लिए हिंदी शब्द का आमतौर पर प्रयोग होता है। पश्चिम एशिया के मुल्कों में हिंदुस्तान के लिए बराबर 'हिंदी' शब्द का इस्तेमाल किया जाता है, और इन सभी जगहों में हिंदुस्तानी को 'हिंदी' कहते हैं।

—हिंदुस्तान की कहानी, पृ. 99

* * *

हिंदुस्तान की सही तसवीर

हिंदुस्तान एक खूबसूरत औरत नहीं है। नंगे किसान हिंदुस्तान हैं। वे न तो खूबसूरत हैं, न देखने में अच्छे हैं, क्योंकि गरीबी अच्छी चीज नहीं है, वह बुरी चीज है। इसलिए जब आप 'भारतमाता' की जय कहते हैं, तो याद रखिए कि भारत क्या है, और भारत के लोग निहायत बुरी हालत में हैं—चाहे वे किसान हों, मजदूर हों, खुदरा माल बेचने वाले दुकानदार हों, और चाहे हमारे कुछ नौजवान हों।

— जवाहरलाल नेहरू वाङ्मय (खंड-7), पृ. 269

* * *

हिंदुस्तानी

जब दुनिया हिल रही है, जब दुनिया में मालूम नहीं क्या मुसीबतें आएँ—तब आपका, मेरा हर एक हिंदुस्तानी का फर्ज है कि हममें एक-दूसरे में जो भी फर्क हो, उसे मिटा डालें। लोगों में फर्क हैं, उन्हें रखें, अगर जी चाहे मुझसे आप लड़ें, मैं आपसे लड़ूँ; लेकिन जब हिंदुस्तान का मामला उठता है, तो आप हिंदुस्तानी और मैं हिंदुस्तानी—और हिंदुस्तान का हर एक शख्स हिंदुस्तानी है। और अगर इस बात को कोई नहीं मानता, तो वह हिंदुस्तानी नहीं है—वह किसी और मुल्क में जाकर रहे।

—लालकिले के प्राचीर से (भाग-1), पृ. 24

* * *

हिंदुस्तानी विचारधारा

हिंदुस्तानी विचारधारा हमेशा जिंदगी के आखिरी मकसद पर जोर देती रही है। इसकी बनावट में जो आधिभौतिक अंश रहा है, उसे यह कभी नहीं भुला सकी है, और इसलिए जिंदगी से दूसरी तौर पर इकरार करते हुए भी, इसने जिंदगी का शिकार या गुलाम बनने से इनकार किया है। उसने कहा है कि सही कामों में अपनी पूरी ताकत और शक्ति के साथ जरूर लगिए, लेकिन अपने को ऊपर रखिए, और अपने कामों में नतीजे के बारे में ज्यादा चिंता न कीजिए। इस तरह इसने जिंदगी और काम में लगे रहते हुए भी—एक अलहदगी अख्तियार करना सिखाया है। इसने काम से मुँह मोड़ना नहीं सिखाया।

—हिंदुस्तान की कहानी, पृ. 109

* * *

हिंसा

हमें अपने देश को संघर्ष और जोर-जबरदस्ती से अपने लक्ष्यों की ओर बढ़ाने का

विचार नहीं करना चाहिए। हमारी बहुत सी चीजें शांतिपूर्ण तरीके से ही हासिल हुई हैं, और मुझे ऐसा कोई कारण नहीं दिखाई देता कि हम इस तरीके को छोड़कर हिंसा का तरीका अपना लें। मुझे पूरा यकीन है कि अगर हमने हिंसात्मक तरीके से अपने उद्देश्यों और लक्ष्यों··· को जो भले ही कितने भी ऊँचे हों—प्राप्त करने की कोशिश की तो हमें बहुत देर लगेगी, और उल्टा उन्हीं बुराइयों को हम बढ़ावा देंगे जिनसे कि हम लड़ रहे हैं। हिंदुस्तान एक बड़ा देश ही नहीं है, बल्कि यहाँ बहुत सी विविधता और अनेकता भी हैं। अगर यहाँ किसी ने तलवार उठाई, तो यह लाजमी है कि कोई दूसरा तलवार लेकर उसका मुकाबला करने उठ खड़ा होगा। तलवार का इस तरह का टकराव, नीचे गिरकर एक निरुद्देश्य हिंसा में बदल जाएगा, और इससे राष्ट्र की जो सीमित शक्तियाँ हैं, वे या तो बँट जाएँगी—या फिर बहुत दुर्बल तो हो ही जाएँगी।

—जवाहरलाल नेहरू के भाषण (खंड-1), पृ. 108

❊ ❊ ❊

विविध

अगर आदमी के दिमाग की सर्जनात्मक क्षमता चली जाती है, और वह अधिकाधिक मशीन बनता है, तो मानवता के लिए यह यकीनन बहुत बड़ा संकट होगा—भले ही दूसरे तरीकों से सभ्यता चाहे जितना भी आगे बढ़ जाए, क्योंकि इससे संस्कृति के स्रोत धीरे-धीरे सूख जाएँगे।

—जवाहरलाल नेहरू के भाषण (खंड-1), पृ. 283

❊ ❊ ❊

अगर हमारे इरादे ऊँचे हों—और हमारी लड़ाई जरूरी तौर से लंबी चलनेवाली हो, तो इन वक्ती कामयाबियों की ज्यादा अहमियत नहीं होती। इससे आगे की अपनी कोशिशों के लिए हमें बढ़ावा मिलता है। अकसर आसानी से मिली चीज की वनिस्बत यह हमें कुछ ज्यादा सिखाती है, और एक बड़ी कामयाबी की भूमिका बन जाती है, लेकिन इससे फायदा हमें तभी होता है, जब हम इससे सबक सीखते हैं, और अपने अंदर उस नाकामयाबी की वजह ढूँढ़ते हैं।

—जवाहरलाल नेहरू वाङ्मय (खंड-7), पृ. 166

❊ ❊ ❊

अपने काम की तारीफ या भविष्य के लिए नसीहत चाहना शायद कुदरती बात है। कुछ लम्हों का ऐसा एहसास हमें, मौजूदा तसल्ली और काहिली, व बेअसर जिंदगी की मुसीबतों से मुँह चुराने का मौका देता है। यह सोचकर कि बड़े-बड़े कामों में किसी-न-किसी तरह हम भी शामिल हैं, हम अपने आपको भुलावे में रखना शुरू कर देते हैं।

लेकिन यह उस उम्र का तकाजा है, जब खून ठंडा पड़ जाता है और जिस्म व दिमाग पथराने लगते हैं। छात्रों और नौजवान औरत-मर्दों के बारे में क्या कहा जाए?

क्या उन्हें काम की इस बेअसर एवजी से तस्कीन है? बदलाव का तपिश से धड़कते हुए अपने आसपास की दुनिया को देखिए। इसे जाँचिए, समझिए, इसके मुताबिक अपने को ढालिए और इसमें हाथ बँटाइए, या फिर संदेश इकट्ठे कीजिए और उनके पुलिंदे बनाते रहिए।

—जवाहरलाल नेहरू वाङ्मय (खंड-7), पृ. 149

❋ ❋ ❋

आप हर एक आदमी को देवदूत नहीं बना सकते। अगर लोग इतने उन्नत हो जाएँ और इस तरह आचरण करने लगें, तो हमारे सामने समस्याएँ ही न रह जाएँगी। एक इलाज यह है कि हम ऐसी स्थितियाँ उत्पन्न कर दें, जिनमें उन लोगों के लिए देवदूत नहीं हैं—रहना कठिन हो जाए, और वे अपने रास्ते में कठिनाइयाँ पावें। अर्थात् आप न्याय-व्यवहार और ईमानदारी के प्रति आकर्षण पैदा कर दें, और उससे भिन्न आचारण करनेवाले यह पाएँ कि उन्हें असुविधाओं का सामना करना पड़ता है।

—जवाहरलाल नेहरू के भाषण (खंड-1), पृ. 65-66

❋ ❋ ❋

'इंकलाब जिंदाबाद' जैसे इंकलाबी नारों को मैं एक असरे से सुनता आ रहा हूँ। अब तो सचमुच ही इंकलाब करने का वक्त आ गया है। हमारा सत्याग्रह एक शांतिपूर्ण और अहिंसात्मक संघर्ष है, और इसे कामयाबी हासिल होकर ही रहेगी। इस धरती पर कोई भी ताकत नहीं, जो हमारी योजना को विफल कर दे। मुल्क के पुरुषों और स्त्रियों को, हर तरह से सरकार को हराने के एक ही काम में जुट जाना चाहिए।

—जवाहरलाल नेहरू वाङ्मय (खंड-4), पृ. 294

❋ ❋ ❋

इलेक्शन होते हैं, चुनाव होते हैं—और उसमें हार भी होती है, जीत भी होती है। लेकिन हमारे, आपके सामने जो सवाल हैं, वे इलेक्शन से बड़े हैं, और हमारे एक-दूसरे की हार और जीत से बड़े हैं। सवाल भारत का—हिंदुस्तान का है, और अगर हम अपने व्यक्तिगत फायदे के लिए, लाभ के लिए, या अपनी पार्टी के या दल के लाभ के लिए भारत को भूल जाते हैं, तो किसके सामने हम अपने गुनाहों का जवाब देंगे—कि हम छोटी बातों में पड़कर बड़े सवालों को, देश को भूल गए।

—लालकिले के प्राचीर से (भाग-1), पृ. 17

❋ ❋ ❋

किसी आदमी की सफाई या नेकनीयती, या लियाकत का जरूरी तौर पर यह मतलब नहीं है कि उनकी नीति भी ठीक है। सिर्फ कोई कम नजर बेवकूफ ही यह कहेगा कि जो लोग उसके साथ सहमत नहीं हैं, वे नेकनीयती और ईमानदारी से काम नहीं करते; लेकिन जब दो नीतियाँ आपस में टकराती हैं, तो हमें विरोधी विचार

रखनेवाले की मुखालफत करनी पड़ती है—भले ही वह विचार अपने-आप में कितना ही अच्छा क्यों न हो।

—जवाहरलाल नेहरू वाङ्मय (खंड-7), पृ. 640

❋ ❋ ❋

कौमी गरूर कोई इंसानी गरूर नहीं। लेकिन और भी ज्यादा ठीक होगा कि हम अपनी कमजोरी की तरफ देखें और जो बातें रह गई हैं—उनकी तरफ देखें, और पिछले जमाने में जो गलत बातें हुई, उनको देखें, और देखकर उनको दूर करने की कोशिश करें। खास तौर से जो सिद्धांत और उसूल बुनियादी तौर से हमारे सामने रहे हैं, उनको फिर साफ करें, धुँधला न होने दें, और उस रास्ते पर चलें जो कि हमारे राष्ट्रपिता ने हमारे सामने रखा।

—लालकिले के प्राचीर से (भाग 1), पृ. 9-10

❋ ❋ ❋

क्योंकि भारत में बड़े-बड़े अंतर हैं, इसलिए हमारे लिए केवल मानवीय कारणों से नहीं—बल्कि प्रजातंत्र को पूरा करने के विचार ने भी उन लोगों को ऊपर उठाना लाजमी हो जाता है, जो सामाजिक और आर्थिक सीढ़ी में नीचे हैं। उन्हें उन्नति का अवसर देने की बहुत जरूरत है। यही इस देश की आम स्वीकृत नीति है, और सरकार की भी यही मान्य नीति है।

— जवाहरलाल नेहरू के भाषण (खंड-1), पृ. 28

❋ ❋ ❋

गुजरा जमाना हमारे लिए कई तोहफे भी लाया है। सच तो यह है कि आज हमारे पास संस्कृति, सभ्यता, विज्ञान या सत्य के पहलुओं का जो भी ज्ञान है—वह सब बहुत दूर के या पास के अतीत का उपहार ही है। यह सही है कि अतीत के प्रति हम कृतज्ञता स्वीकार करते हैं, लेकिन अतीत पर ही हमारा कर्तव्य या हमारी कृतज्ञता खत्म नहीं हो जाती। भविष्य के प्रति भी हमारी कुछ कृतज्ञता होनी चाहिए, और यह कृतज्ञता—अतीत के प्रति हमारी कृतज्ञता से कहीं ज्यादा है। क्योंकि अतीत खत्म हो चुका है, उसे हम बदल नहीं सकते—भविष्य अभी आनेवाला है, और उसे हम शायद किसी हद तक टाल सकते हैं। अगर अतीत ने हमें सत्य के कुछ पहलू दिए हैं, तो भविष्य भी सत्य के बहुतेरे पहलू छिपाए हुए है—और उसे खोजने के लिए हमें बुलावा दे रहा है। लेकिन अतीत को अकसर भविष्य से ईर्ष्या रहती है, और वह हमें कसकर पकड़े रहता है, और भविष्य का सामना करने की—और उसकी ओर बढ़ने के लिए छुटकारा पाने की खातिर हमें उससे लड़ना पड़ता है।

— जवाहरलाल नेहरू वाङ्मय (खंड-5), पृ. 448

❋ ❋ ❋

तवारीख का लंबा सिलसिला हमें बताता है कि मुख्तलिफ किस्म की सरकारें एक के बाद एक आती गई हैं, और पैदावार व संगठनों का माली ढाँचा बदलता गया है। दोनों

एक-दूसरे पर असर डालते हैं। जब माली हालात बहुत तेजी से बदलते हैं मगर सरकारें कमोबेश जैसी-की-तैसी बनी रहती हैं तो एक खालीपन पैदा हो जाता है, जिसे एक अचानक बदलाव से भरा जाता है। उस बदलाव को इंकलाब कहते हैं। तवारीख और सरकारों की सूरत गढ़ने में, माली वाकयों की हैरतअंग्रेज अहमियत को करीब-करीब सभी लोगों ने मान लिया है।

—जवाहरलाल नेहरू वाङ्मय (खंड-6), पृ. 5

❋ ❋ ❋

थोड़े-से दिनों में हुकूमत की ऊँची कुरसी पर बैठने से मुल्क नहीं उठते हैं। मुल्क उठते हैं जब करोड़ों आदमी खुशहाल होते हैं, और तरक्की कर सकते हैं।

—लालकिले के प्राचीर से (भाग-1), पृ. 6-7

❋ ❋ ❋

मैं अपने मुल्क में ही नहीं; दूसरे बड़े देशों में इस बात को देखकर बहुत हैरान हो जाता हूँ कि लोग दूसरे लोगों को अपनी ही पसंद या मरजी के साँचे में ढालने के, और अपने ही विशेष प्रकार के रहन-सहन को दूसरों पर थोपने के कितने इच्छुक रहते हैं। हम अपने ढंग से अपनी जिंदगी बसर करें, यह ठीक है। लेकिन इसे दूसरों पर क्यों थोपें? यह राष्ट्रीय-अंतरराष्ट्रीय दोनों क्षेत्रों के लिए सही है। वास्तव में, अगर लोग दूसरे देशों के लोगों पर अपनी जीवन-प्रणाली को थोपने से बाज आएँ, तो इस दुनिया में और अधिक शांति हो सकती है।

—जवाहरलाल नेहरू के भाषण (खंड-1), पृ. 37

❋ ❋ ❋

यह वह कौन-सा आदर्श है, जिसे आप लोगों को अपने सामने रखना चाहिए? अगर आपके मालिक बदल जाएँ और आपकी तकलीफें बनी ही रहें, तो इससे आपको कुछ ज्यादा फायदा नहीं होगा। आपको खुशी नहीं होगी, अगर मुट्ठीभर हिंदुस्तानी बड़े सरकारी अफसर बन जाएँ, या मुनाफे में और भी बड़े-बड़े हिस्से पाने लगें—मगर आप लोगों के हालात वैसे ही खराब बने रहें, और लगातार मेहनत करते-करते और भूख की मार से आपके बदन टूट जाएँ, और आपकी रूह का चिराग गुल हो जाए। आपको जिंदा रखनेवाली मजदूरी चाहिए, मार डालनेवाली मजदूरी नहीं। आप इनसान के शोषण का खात्मा चाहते हैं, और सभी लोगों के लिए बराबरी के मौके और रहन-सहन के अच्छे हालात।

—जवाहरलाल नेहरू वाङ्मय (खंड-4), पृ. 50

❋ ❋ ❋

याद रखिए, हमारे बीच जो दीवारें हैं—मजहब के नाम से, जाति के नाम से, या किसी प्रांत-सूबे या प्रदेश के नाम से, उन्हें भी दूर करना है। और जो एक-दूसरे के खिलाफ हमें जोश चढ़ता है, उससे जाहिर होता है कि हमारे दिल और दिमाग पूरी तौर

से आजाद नहीं हुए हैं—चाहे ऊपर से नक्शा कितना ही बदल जाए। इसी तरह की कई बातों से हमारी तंगखयाली जाहिर होती है। अगर हिंदुस्तान के किसी गाँव में किसी हिंदुस्तानी को—चाहे वह किसी भी जाति का है, या अगर उसको हम चमार कहें, हरिजन कहें—अगर उसको खानेपीने में रहने-चलने में कोई रुकावट है, तो वह गाँव अभी आजाद नहीं है, गिरा हुआ है।

—लालकिले के प्राचीर से (भाग-1), पृ. 61

❋ ❋ ❋

लेनिन की याद में श्रद्धांजलि देने के लिए, रूस के दूर-दूर के हिस्सों से लोग लेनिन के मकबरे का दर्शन करने आते हैं। जिन किसानों और मजदूरों के लिए लेनिन जिया और मरा, और जिन्हें लेनिन प्राणों से भी ज्यादा प्यारा है, उनकी भीड़-की-भीड़ आने लगती है। पुराने कट्टर गिरजे की इज्जत रूस में सब कहीं घट रही है, लेकिन लेनिन-पूजा के निशान सब कहीं बढ़ रहे हैं। हरेक दुकान और करीब-करीब हरेक कोठरी में लेनिन की तसवीर या मूर्ति मिलेगी।

— जवाहरलाल नेहरू वाङ्मय (खंड-2), पृ. 389

❋ ❋ ❋

सभी जानते हैं कि हम लोगों में अनेक महापुरुष, विचारशील और दार्शनिक हैं, और यह बात भी सभी को मालूम है कि हमारा संगीत भी बहुत उन्नत और अत्यंत वैज्ञानिक है। लेकिन धर्म और संगीत की ये बारीक बातें केवल चंद ही आदमी समझते हैं—साधारण आदमी इनसे बिलकुल अलग रहते हैं। हम लोगों में से दो-चार जो खास-खास लोग हैं, वे भी अपनी तरफ से बहुत कम नई बातें निकालते हैं। अकसर वे हमारे पूर्वजों के विचारों की कमाई पर ही गुजर करते हैं। जब तक हममें नई बात पैदा करने की शक्ति और उत्साह नहीं, तब तक मानसिक रूप से हमारी शिथिलता अनिवार्य है—और हम उन्नति न कर सकेंगे।*— जवाहरलाल नेहरू वाङ्मय (खंड-3), पृ. 181*

❋ ❋ ❋

सवाल यह है कि आपमें और हिंदुस्तान के करोड़ों आदमियों में—नौजवानों और बच्चों में कितनी ताकत है कि वे भी उसको शान से उठाए रखें, इस मुल्क की खिदमत करें, तरक्की करें; और खासकर हमेशा इस बात पर ध्यान दें कि किस तरह से इस मुल्क के लाखों-करोड़ों मुसीबतजदा आदमियों के आँसू पोंछें, कैसे उनकी तकलीफ दूर करें, किस तरह वे तरक्की करें। आजकल किसी तरह से हमारी नई फौज को—यानी बच्चों को—मौका मिले कि वे ठीक तौर से सीखें, पढ़ें-लिखें उनका शरीर ठीक हो, मन ठीक हो और दिमाग ठीक हो, और फिर बड़े होकर वे इस मुल्क का बोझा अच्छी तरह से उठाएँ। ये बड़े काम हैं, जबरदस्त काम हैं।

—लालकिले के प्राचीर से (भाग-1), पृ. 46

❋ ❋ ❋

हिंदुस्तान या किसी भी मुल्क का खयाल आदमी के रूप में करना एक फिजूल सी बात थी। मैंने ऐसा नहीं किया। मैं यह भी जानता था कि हिंदुस्तान की जिंदगी में कितनी विविधता है और उसमें कितने वर्ग, कौमें, धर्म और वंश हैं; और सांस्कृतिक विकास की कितनी अलग-अलग सीढ़ियाँ हैं। फिर भी मैं समझता हूँ, किसी देश में—जिसके पीछे इतना लंबा इतिहास हो, और जिंदगी की जानिब जहाँ एक नजरिया है, वहाँ एक ऐसी भावना पैदा हो जाती है, जो और भेदों के रहते हुए भी, समान रूप से वहाँ रहनेवालों पर अपनी छाप लगा देती है।

—*हिंदुस्तान की कहानी, पृ. 76*

□□□